Patrick Mauriès

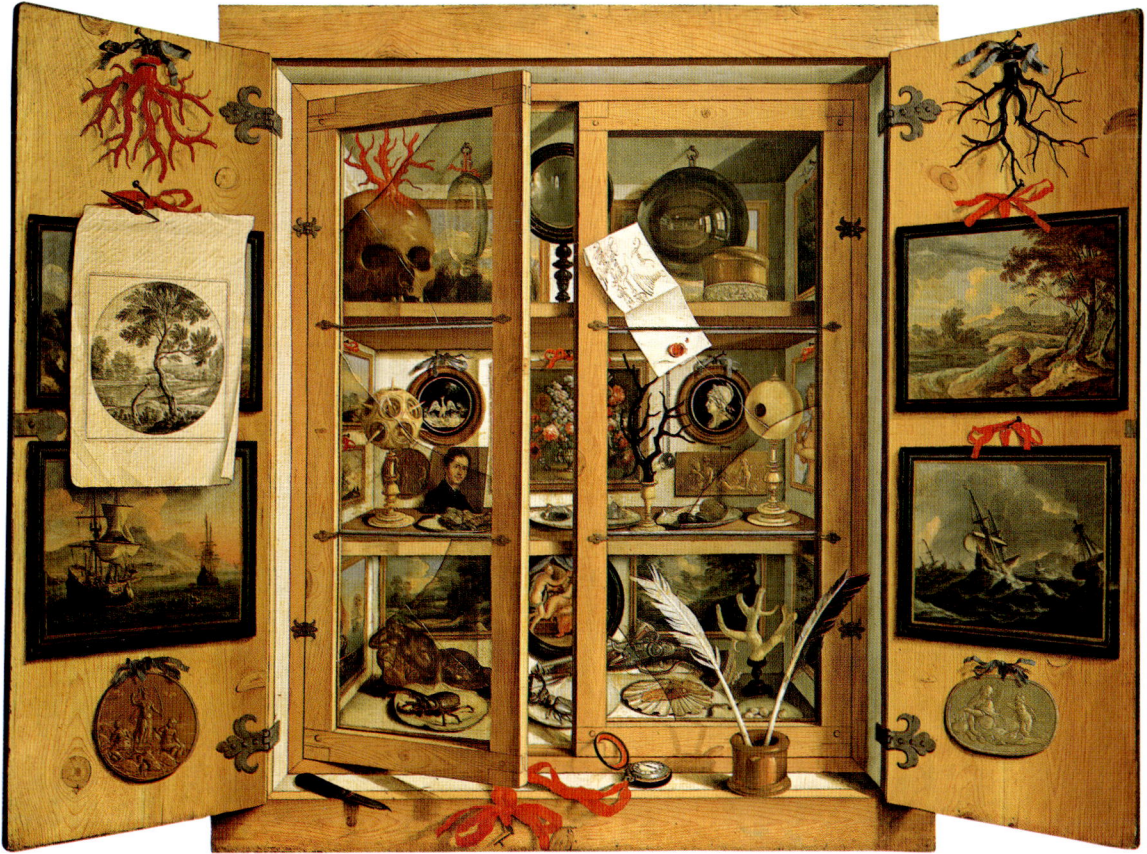

# Cabinets *of* Curiosities

# 想象的博物馆

[法] 帕特里克·莫耶斯　著
张林森　译

## 珍奇室艺术史

北京日报出版社

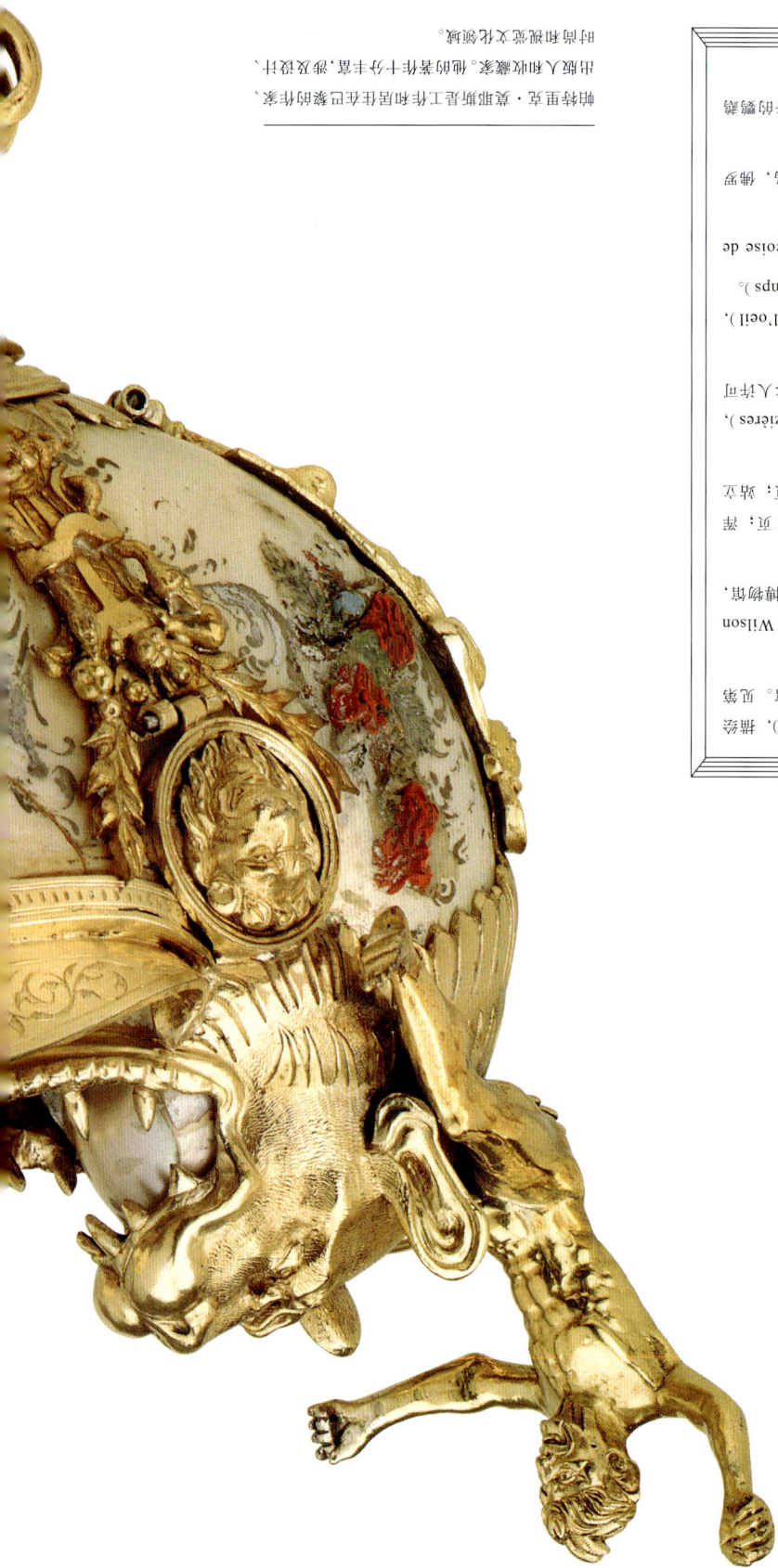

对页 格奥尔格·海因茨（Georg Hainz），描绘
一个橱柜中的各种奇珍的静物画，收藏美术馆，见第
48 页。

对页 查尔斯·威尔逊·皮尔（Charles Wilson
Peale）的自画像，费尔城·威尔逊·皮尔博物馆，
艺术与考古美术学院，费城，见第 207 页。

科图内的橱柜图 火晶与海螺壳，见第 48 页；各
种关伏，见第 8 页；珊瑚与蝶标本，见第 49 页；装文
的人像与饮料标本，见第 18—19 页。

对科页 埃里克·德马齐埃（Erik Desmazières），
《珍奇屋》（*Wunderkammer*），经艺术家本人许可
复制。

图书名页 绘有精巧的错觉画（trompe-l'oeil），
17 世纪，多梅尼科·伦普斯（Domenico Remps）。

书名页 弗朗索瓦·德·诺贝勒（Françoise de
Nobéle）的收藏，巴黎。

本页 | 上图 由一颗珍珠被经塑制成的啮齿类，佩带
化着，18 世纪古期。

本页 | 右图 1560 年左右制作于奥格斯堡的镶嵌装
饰杯子，经后世修改并添添配重。

# 序言

在巴洛克时期的欧洲，关于珍奇柜的故事虽然零星四散，却又盘根错节地生长于这段历史之中，并且总是围绕着这样几个人物展开：来自牛津的约翰·特雷德斯坎特（John Tradescant）和伊莱亚斯·阿什莫尔（Elias Ashmole）、米兰的乌利塞·阿尔德罗万迪（Ulisse Aldrovandi）和曼弗雷多·塞塔拉（Manfredo Settala）、维罗纳的洛多维科·莫斯卡多（Lodovico Moscardo）、博洛尼亚的费迪南多·科斯皮（Ferdinando Cospi）、巴黎的佩尔·莫利内（Père Molinet）、普罗旺斯地区艾克斯（Aix-en-Provence）的尼古拉·佩雷西克（Nicolas Pereisc）、哥本哈根的奥莱厄斯·沃姆（Olaeus Worms）、巴塞尔的莱昂哈德·富克斯（Leonhard Fuchs）和苏黎世的康拉德·格斯纳（Conrad Gesner）等，他们在关于珍奇柜的历史中轮番登场，组成了一支被泛滥庞杂的神秘之物所吸引的队伍，在迷雾中前行，若隐若现。

数位藏家颇为自豪地将自己的肖像印在收藏目录的卷首，但是这些画像相比鲜活的人物肖像，更像是一种程式化的塑像：与其说它们揭示了什么，不如说它们是在隐藏着什么，东施效颦般地记录了如今已不复存在的独特面孔，或古怪表情。

大多数见识广博的收藏家，几乎没有争议地偏爱一成不变和不能移动的物品，相比之下，他们对于变幻无穷的世界和动荡的人类情感兴味索然。矛盾的是，正是对这些无生命之物的偏爱，再次赋予了它们生命，这样的复原方式，比任何肖像都更具有生命力——无论那些肖像画得有多么逼真。从这些收藏家遗留下来的丰富而庞杂的物品中，我们仍然可以分辨出他们曾经的愿景和欲望；我们仍然可以用自己的手来触摸它们，就像它们一度被把玩一样，如今它们依旧光洁，未曾蒙尘；我们仍然可以体会收藏家们曾经日复一日、年复一年地痴情于它们丰富的形状和颜色，并不厌其烦地进行分类、赏玩、增添和修饰。

对于世界的忧虑，"物"转瞬即逝的性质，自然规律的限制——为这些想法所扰的杰出收藏家们，被一种无法实现的、对绝对完整性的渴望攫住，这种顽强而坚定的决心，犹如想要把一整个图书馆压缩进一册图书之中。最终他们确实成功地违抗了时间，并创造了一种越是经久不衰，就越是如此不协调的现实。

珍奇柜的前身在中世纪教堂的文物收藏中可见。这些藏品的主要作用是展示圣迹，以及治愈疾病。最初的藏品包括与基督及其门徒有关的物品、真十字架的碎片、宗徒的遗骨等。很快圣人的骨架也受到了同样的尊崇。随着时间推移，藏品变得越来越怪异——比如一小瓶圣母的乳汁，还有摩西的手杖——它们通常都被珍藏在贵重的圣髑盒中。巴黎附近的圣德尼教堂（St-Denis）曾拥有欧洲最大规模的此类收藏（见对页图）。这些藏品带有的某种超自然特质，被珍奇柜所继承，因而在珍奇柜的发展史中，炼金术、神秘学、魔法等也一直如影随形。

# 世界剧场

## THE THEATRE OF THE WORLD

绰号"天鹅绒"的勃鲁盖尔（Brueghel）和彼得·保罗·鲁本斯（Peter Paul Rubens）的作品《视觉》（*The Sense of Sight*），是系列作品《五感》（*The Five Senses*）之一，由尼德兰总督阿尔伯特（Albert）和伊莎贝拉（Isabella）于 1617 年委托创作。阿尔伯特大公是鲁道夫二世（Rudolf Ⅱ，1552—1612 年）的兄弟，他的妻子伊莎贝拉是西班牙国王腓力二世（Philip Ⅱ）的女儿。他们的珍奇收藏现已四散，但是《五感》系列画作仍收藏于马德里的普拉多博物馆中。这些伟大的寓言式油画作品，用绘画的方式记录珍奇收藏，表达了一种把所有知识并置在同一空间之中的愿望，画中也确实描绘了许多他们曾经真实收藏的物品。在《视觉》这件作品中，包含了自然物（贝壳，在原作的右下方，本图中未显示）、科学仪器（地球仪、浑天仪、指南针、望远镜）、钱币、珠宝、古董（展示在后方架子上的罗马半身雕像）和艺术作品。

## 珍奇展示

位于那不勒斯的费兰特·因佩拉托
（Ferrante Imperato）博物馆 1599
年图录《博物志》（*Dell' historia
naturale*）的卷首插图。书籍、标本
罐、植物学和动物学标本都被密集地
放置，并精心安排展示，呈现出相当
程度的丰富性。贝壳和海洋生物（包
括一只巨大的鳄鱼标本）被悬挂在天
花板上。因佩拉托是一名药剂师，他
的收藏用于自己的研究和制药。这是
珍奇柜最早的展示方式。画面中有一
位向导式的人物，可能就是因佩拉托
本人，他正在向参观者展示某件藏品。
1645 年 2 月，约翰·伊夫林（John
Evelyn）参观了这个博物馆，并评
论道："这里是全城之中最值得关注
的场所之一，是稀世珍品的宝库。在
天然草药中，最值得注意的是海丝
（Byssus marina）和水蕨（Pinna
marina）；还有雌性和雄性的变色龙，
一只鹈鹕（Onacratulus），一只巨
大的鳄鱼；罕见的奥克尼鸭（Orcades
anates），以及同样罕见的蟒蜥；雌
性和雄性的天堂鸟（Manucodiata），
据说这种生物的雄性背部有一个洞，
雌性会在此生产和孵化卵。"

**下图** 木版画，出自因佩拉托《博物
志》。

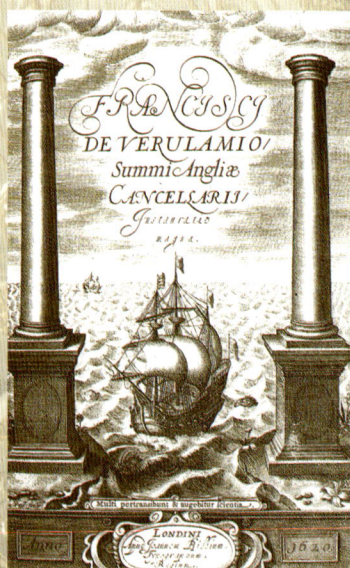

1620 年，弗朗西斯·培根（Francis Bacon）的著作《伟大的复兴》（*Instauratio Magna*）[1]问世，他试图对当时的学术系统做出大范围的修正。在该著作的卷首插图中，他选择了这样一幅如今广为人知的图景：在无边无际的海洋上，一艘船正满帆航行。横亘在画面前方的海格力斯之柱，为这幅图景划定了界限：标志着已知世界的尽头和未知世界的边界，那个令人着迷的、充满诱惑的未知世界和无限空间，等待着人类精神的探索和发现。

当你打开这部珍奇柜的简史，了解这种范围极为受限的收藏时，首先看到的却是一艘扬帆出海的船，这乍看起来似乎有些矛盾。但培根作为一种象征，在许多方面成功地汇聚起了散落各处的珍奇崇拜的历史，这也正是关于奇异之物的知识，它们位于已知领域的边界，无法进入任何公认的分类系统（最值得注意的是关于艺术和科学的传统分类），从未知世界而来，并与发现新大陆有关。珍奇柜小心翼翼地保护自己的隐私，只和绝对的"他方"以及来自"他方"之物产生联系。这个他方世界，正是惊异的来源。

两根海格力斯之柱不但标志了已知世界的边界，也为未知世界划定了一个边框。相似的是，珍奇柜也因为各种各样的边框、壁龛、盒子、抽屉和箱子的限制，找到了它存在的理由——与世界的混乱相适应，并且有些武断地给这个世界强加了对称性和等级制度的系统。就好像分别存在于不同物体上的"未知"所投射的影子。这些无穷无尽的碎片和遗迹被刻意地装进了一个密室，一个精心选定、意味深长的空间。

这张卷首插图的版画，让我们看到了这个世界的一幅图像（也只是一幅图像）。这幅相同的图景，化身成地图、地球仪、浑天仪，构成了另一个受到珍奇柜青睐的主题，即通过最大限度的微缩而还原世界。科学考察和追求知识等虚假借口一旦瓦解，除了创造出一幅世界的全貌，一个质感、颜色、材料和形式上的微缩宇宙之外，珍奇柜的存在还有什么样的合法性呢？

弗朗切斯科·卡尔佐拉里（Francesco Calzolari）的珍奇阁，摘自他1622年出版于维罗纳的博物馆图录《卡尔佐拉里博物馆》（*Museum Calceolarium*）。动物、鸟类和鱼类标本被悬挂在天花板上，架子和抽屉里放满了自然的和人工的物品。房间的尽头有一个类似祭坛的地方，上面放着一些经过特别挑选的标本。弗朗切斯科·卡尔佐拉里和因佩拉托一样，也是一位药剂师。

**左图** 约翰·塞普蒂穆斯·约尔格（Johann Septimus Jörger）的珍奇柜，17世纪中叶。约尔格是一位来自奥地利的新教难民，后在纽伦堡定居。他的收藏具有典型的财力雄厚的行家之风。其中包括贝壳之类的自然物品，但是他个人的趣味更倾向于古典雕塑。

**后页** 戴恩·奥勒·沃姆（Dane Ole Worm）的珍奇柜，来自1655年出版的他的博物馆图录《沃姆博物馆》（*Museum Wormianum*）。他的教育背景引人注目，曾在奥胡斯（Aarhus，丹麦）、吕讷堡（Lüneberg，德国）、帕多瓦（Padua，意大利）、罗马和那不勒斯学习（在那不勒斯期间曾经拜访过费兰特·因佩拉托），并和几乎全欧洲的学者都有联系。他的珍奇柜，更倾向于对自然物的收藏，并没有展示出他对于希腊语、拉丁语以及物理、药物、符文和丹麦古董的全部知识与兴趣。

MU
WOR
HI.

LUGD.

EX OFFICINA
Acad.

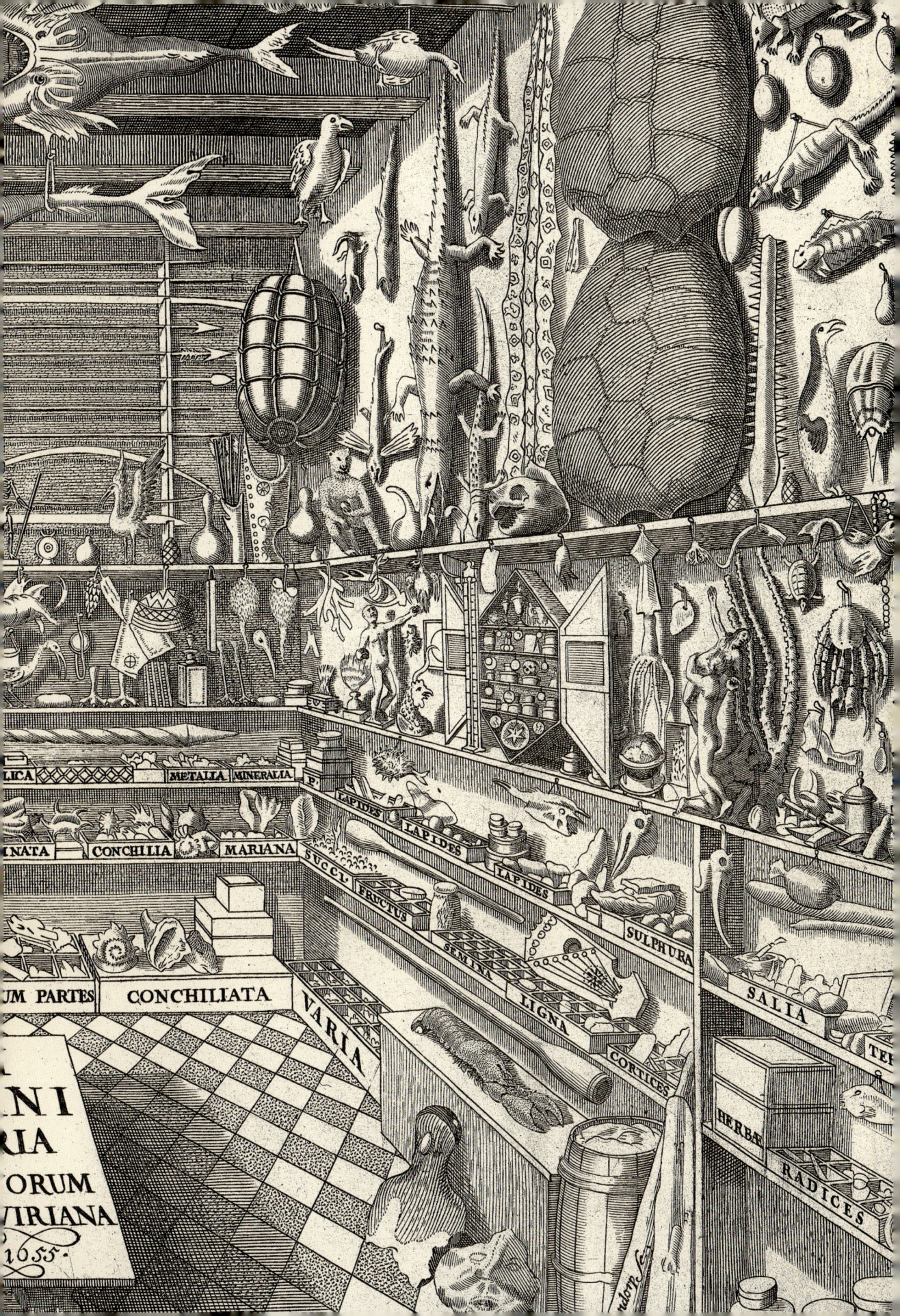

LICA    METALLA MINERALIA    P.

NATA    CONCHILIA    MARIANA    LAPIDES

LAPIDES

LAPIDES

SUCCI

FRUCTUS

SULPHURA

UM PARTES    CONCHILIATA    SEMINA    LIGNA    SALIA

VARIA    CORTICES    TE

NI    HERBÆ

RIA

ORUM    RADICES

VIRIANA

1655.

nabryn. fc.

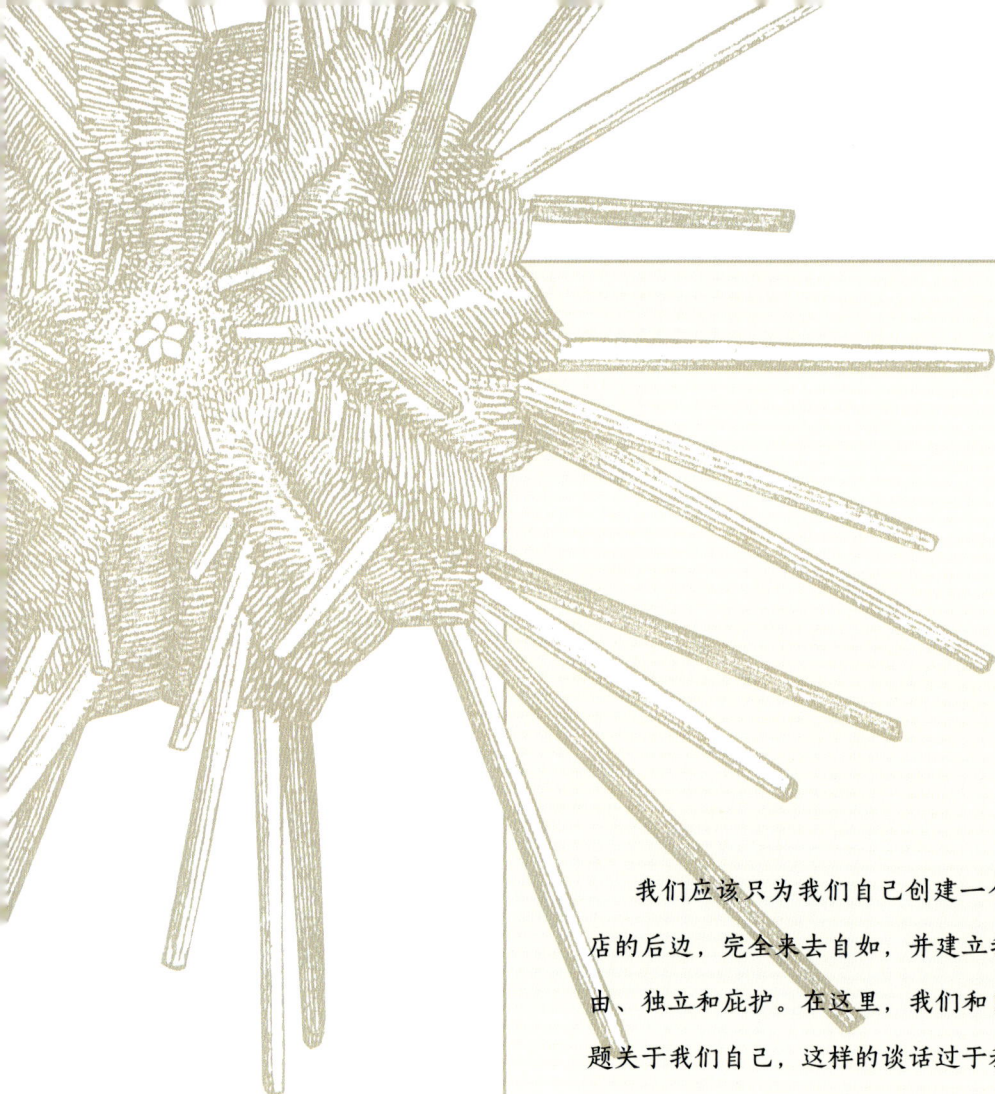

我们应该只为我们自己创建一个房间，在商店的后边，完全来去自如，并建立我们真正的自由、独立和庇护。在这里，我们和自己对话，话题关于我们自己，这样的谈话过于私密，以至于外部世界的商业和沟通在此都无法容身。在这里，我们交谈，大笑，就好像我们没有妻子和孩子，没有财产，没有追随者，没有仆人，所以当我们真的要失去这一切的时候，就不会感到这是一种从未有过的体验了。我们有一个可以向内求索的灵魂，她可以陪伴自身，她具有攻击、防守、接受和给予的能力。

《关于独处》( On Solitude )
——蒙田

17 世纪后期的维也纳帝国图书馆。在图像中，书籍和博物馆藏品是并置的。在一个与图书馆相通的房间里，矿石和动物标本被展示在墙壁上或放置于柜子中。

**背景图** 木版画，选自因佩拉托的《自然志》。

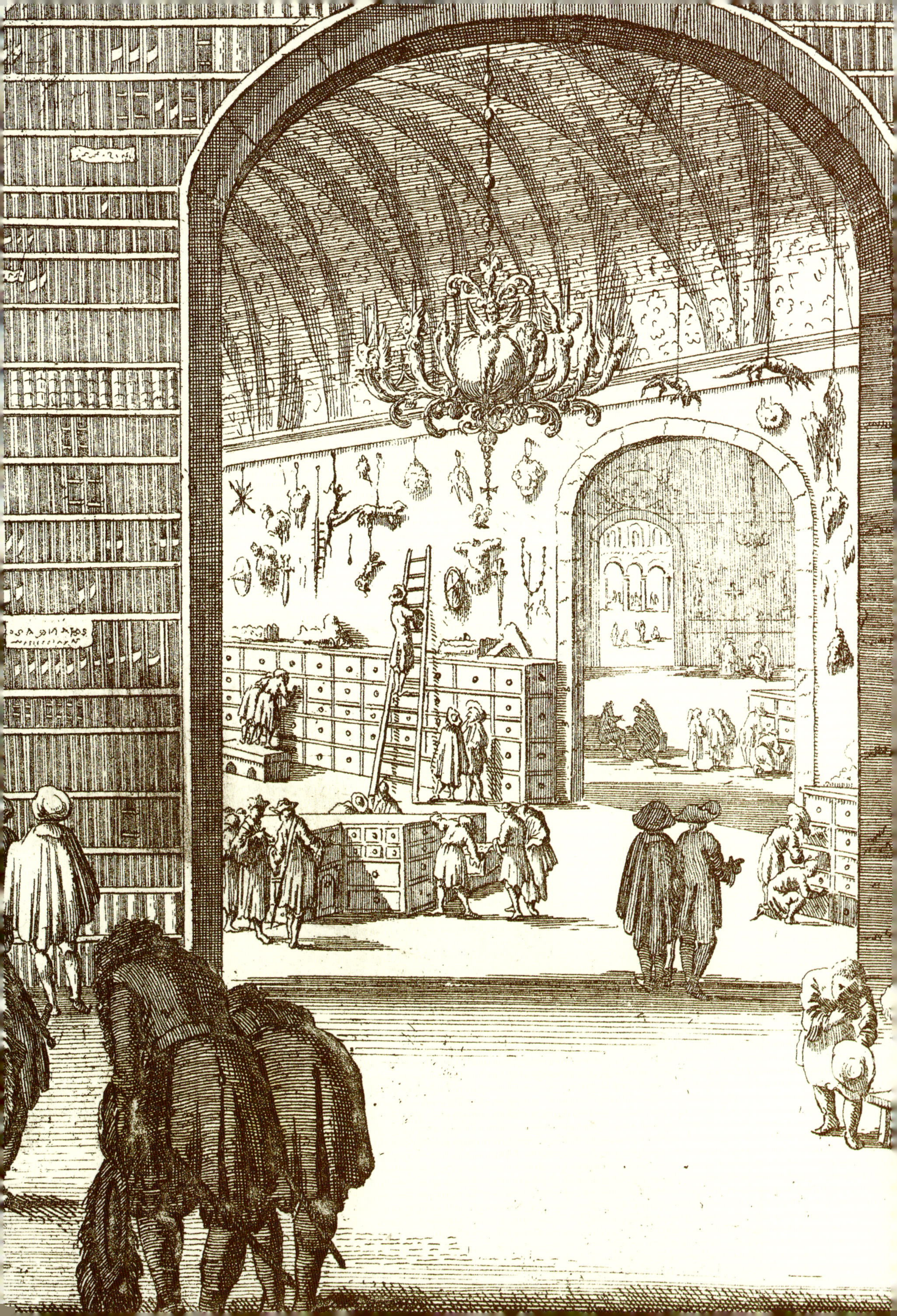

FASCICVLV

RARIORVM ET ASPE

NORVM VARII GENE

COLLEGIT ET SVIS IM

ÆRI AD VIVVM INC

CVRAVIT ATQVE

EVVLGA-

VIT.

Basilius Besler Noriberg: Pha

chymicæ & Botanicæ cu

admirator

*Me trahit hæc, alios alia, et sua g*
*Sed tibi mitto tuam, ZOILE*

Anno ChrIstI DoMInI SerV

"一个最广阔的剧场，包括最本真的材料和整个宇宙最精密的复制品。"这是迁居德国的比利时学者塞缪尔·奎切伯格（Samuel Quiccheberg）在 16 世纪 60 年代提出的理想博物馆的定义。当他写下这些文字的时候，欧洲关于珍奇崇拜的地理划分还远未形成一个半世纪以后的等级秩序。然而，一个目标共同体却跨越了国界，按照个人的方式团结在一起，或许可以称他们是收藏家共和国，他们的共同目标是掌握宇宙，"以令人钦佩的智慧，迅速、轻松、安全地获得对世界的真实而唯一的理解"。正是带着这样一个野心勃勃的目标，奎切伯格开始撰写关于博物馆学的著名论著——《理想博物馆的建设指南》（*Inscriptiones vel Tituli Theatri Amplissimi*，1565 年），这在欧洲关于珍奇文化的历史中起到了先锋作用。这样的一部指南，在稍加改动之后，激发了从那不勒斯、佛罗伦萨到布拉格、哥本哈根的许多潜在收藏家们的欲望。自 16 世纪 40 年代起，越来越多的人开始从事收藏活动，分类和研究"人造的"（artificialia）及"自然的"（naturalia）世界，即艺术的宝藏和自然的奇迹。

珍奇柜的现代"再发现者"尤里乌斯·冯·施洛塞尔（Julius von Schlosser），在 16 世纪和我们今天的世界之间建立了一座桥梁。他在 1908 年出版的论文中，将珍奇柜与古希腊神殿和基督教教堂中存放圣物的房间相提并论：在这些地方，收藏物都被赋予了特别的光晕，它们的魔法和超自然力量都或多或少与珍奇文化的历史有关［在世俗范围内可扩展到超现实主

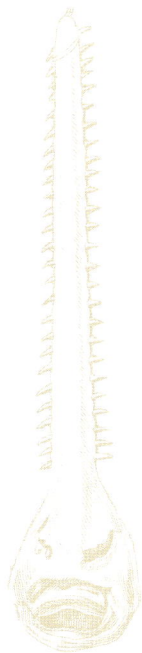

巴西利乌斯·贝斯莱尔（Basilius Besler）的珍奇柜，此图出自他的《稀有物种合辑》（*Fasciculus rariorum varii generis*，纽伦堡，1622 年）。贝斯莱尔也是一位药剂师，他的主要兴趣是动植物。在艾希施塔特（Eichstätt）时，他负责管理采邑主教康拉德·冯·吉明根（Konard von Gemingen）的植物园，园中种植了 660 个品种的植物。他曾经对其中的许多品种进行描绘，并将作品结集出版。

**上图** 版画，选自《稀有物种合辑》。

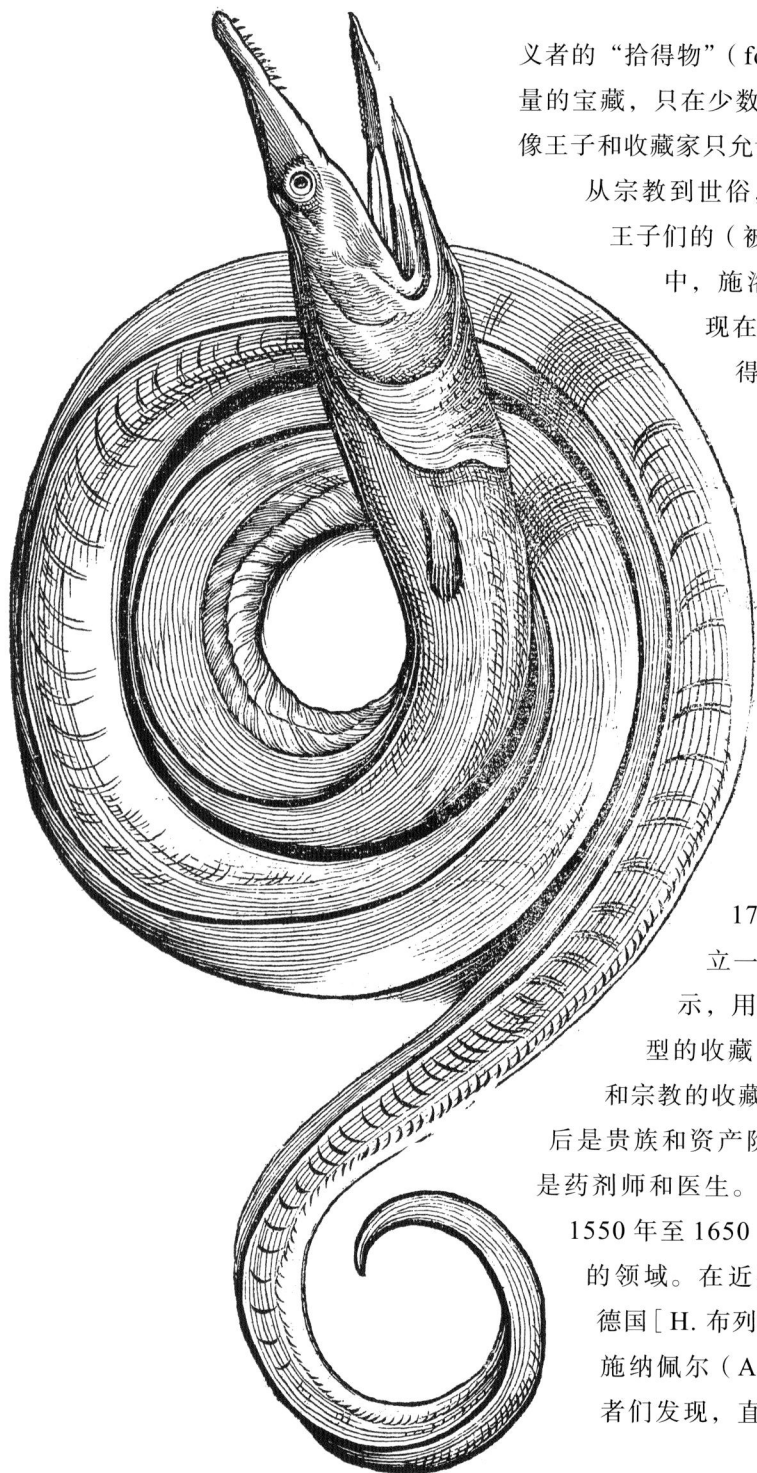

义者的"拾得物"（found objects）]。这些具有内在危险力量的宝藏，只在少数时候会被拿出来在公众面前展示，就像王子和收藏家只允许访客短暂参观他们的收藏品一样。

从宗教到世俗，从教堂的（受限制的）公共财宝到王子们的（被守卫的）私人财宝，在这样的转化之中，施洛塞尔找到了珍奇柜的起源。他的发现在让·德·贝里（Jean de Berry）身上得到印证，后者被认为是收藏家中的典范，是他率先扩大收藏并将赏玩藏品变成一项全职工作。施洛塞尔认为，欧洲北部的珍奇柜收藏是对当地精神的表达，与中世纪和"哥特式"（用他自己的术语来说）传统中的奇迹和传说有关。在他的理论中，意大利的收藏品展现出一种不同的趋势，即构建一个连贯的世界图像，它上承上古，下启现代的世界观。

这样的区分，有助于在考察 16、17 世纪欧洲收藏家规模浩大的收藏时建立一个参照体系。它还提供了一种类型标示，用以区分在此空间中共存的各种不同类型的收藏：执政的国王和王公的收藏，世俗的和宗教的收藏；学者、大学或其他机构的收藏；最后是贵族和资产阶级成员的私人收藏，其中最著名的是药剂师和医生。但是，除了这些定义明确的类别外，1550 年至 1650 年间，出现了另一个活跃但鲜为人知的领域。在近期对意大利 [A. 卢利（A. Lugli）]、德国 [H. 布列德坎普（H. Bredekamp）] 和法国 [A. 施纳佩尔（A. Schnapper）] 珍奇柜的研究中，学者们发现，直到 17 世纪中期，欧洲不同国家和类型的收藏之间存在的差异，其实并没有许多历史学家所描述的那么大，这一现象中的差异研究，直到今天都被简单地划分为非黑即白，如果我们能更多地关注黑白之间的灰色地带，可能对研究更有意义。

积累、定义、分类，这便是珍奇柜最早的三重任务。法国圣德尼教堂的珍贵藏品已经提供了一个宇宙秩序的微缩图景，最重要的遗物放在中心，它的周围放着次等重要的物品。让·德·贝里在安排自己收藏的时候，会按照自己的美学趣味，把这些藏品摆放在多得数不清的柜子和抽屉里，甚至对物品之间的缝隙也要精心布置。几个世纪后，在佛罗伦萨，美第奇家族的弗朗切斯科一世在旧宫设置了自己的"绝对领地"（只能通过隐藏的门进入），在这里，弗朗切斯科一世与绘画、青铜器以及他选定的装饰风格之间，建立起了一种微妙的、新形式的对话。这座珍奇阁围绕着四季这个主题，用大理石和彩绘木板完成装饰。在蒂罗尔的斐迪南（Ferdinand of Tyrol，即斐迪南二世）1560年退隐后居住的阿姆布拉斯宫（Schloss Ambras）中，放置收藏品的陈列柜用不同颜色来标示不同含义（蓝色的用于放置水晶花瓶，绿色的用于放置银器，红色的用于放置石雕，等等）。

因此，珍奇柜的产生之源有着双重意味：它们不仅是要定义、发现和拥有稀奇独特的事物，同时还要将这些事物置于一个特殊的环境之中，为其铭刻更深一层的意义。展示板、陈列柜、箱子和抽屉不仅是为了将藏品保存或隐藏于视线之外，而且反映了一种冲动，即将每件物品都放入一个具有广泛意义和对应关系的网络中。如果某件物品具有某种唯一、稀有或无法被同化的特质，是从构成现实世界的无穷原子之中精选出来的，则珍奇柜将成为它的检验场：在这里，物品会根据规模、视角或为它们赋予意义的层次结构被审视，而非仅仅是它们受追捧的程度。正如阿达尔吉萨·卢利（Adalgisa Lugli）所说[2]，这种张力在

对页　木版画，摘自格斯纳《动物书》（*Thierbuch*，1563年，苏黎世）。

后页及折页　位于德国哈勒（Halle）的"艺术和自然之家"（Kunst und Nataralienkammer），可能是现存最完整的珍奇柜。其创立者是奥古斯特·赫尔曼·弗兰克（August Hermann Francke），创立于1698年。他的藏品安置在一个孤儿院内，供教学使用。1734年到1741年间，当地的画家、版画家和博物学家戈特弗里德·奥古斯特·格伦德勒（Gottfried August Grundler）对其进行了分类整理，并归放在收藏柜中。[1740年，他还出资发行了德国第一版由林奈（Linnaeus）撰写的《自然系统》（*Systema Natura*）]。18世纪时，很多在孤儿院长大的孩子成为传教士，他们捐赠了在世界各地传教的过程中获得的珍奇物品，一度扩大了藏品规模。这些收藏在19世纪被冷落，又于1909年被"再次发现"，也就是拍摄这张照片的时候。现在，这里已经恢复了过去的壮观景象。每一个柜子都代表了一个单一的品类，这些柜子经过精心制作，柜顶的装饰物代表了柜内存放的物品。一号柜：来自东方的藏品，包括扇子、盒子、微缩人物；二号柜：贝壳；三号柜：矿物、化石和珊瑚，右边还有各种各样的大坚果。

珍奇柜外部的"包装"或外观中找到了切实的表达方式，这是从文艺复兴时期开始许多意大利珍奇柜的特色。

利用拼接（intarsia）或镶嵌工艺装饰的嵌板上，满载着各类藏品、手稿、世界地图和几何形物体，有时候可以透过半开的门一窥究竟。这种装饰是现实的另一个层次，是珍奇柜本身的另一重化身，也是一个追求无限的精神游戏，为真实世界的杂乱无章镶饰了一层单色的、具有异国风情的木制饰面。

对称的展示、象征意味的装饰风格、反映美学趣味的家具选择（盒子、柜子和架子）、令人目眩的镶嵌装饰，这些都是收藏家建立或者强调收藏品之间密切联系的工具，揭示出深埋在复杂的多样性之下的统一本质。人们对于不同事物之间相似性的探求，始终影响着珍奇柜的发展，不管这种探求是超自然意义还是美学意义上的。这一点从开始就萦绕着珍奇崇拜的历史。卢利将此追溯到了同化（vis assimilativa），也就是库萨的尼古拉（Nicholas of Cusa）所谓的"同化力量"［一种人类属性，与神圣的创造力量（vis entificativa）相反］。因此，通过向外行人揭露事物之间看不见的隐藏联系，通过发现在地理起源和自然界中相距遥远的物体之间本质上的密切关系，收藏家向参观者提供了一个窥视所有事物内核秘密的机会：现实是一个整体，其中所有事物都有其应有的位置，并处在一个完整的链条之中，互相联系和照应。诚如阿塔纳修斯·基歇尔（Athanasius Kircher）在其博物馆的天花板上刻下的铭文："谁能感知将下方世界与上方世界联系在一起的链条，谁就会知晓自然的奥秘并创造奇迹。"[3] 这也解释了在珍奇柜中为混合物（复合生物、废墟形式的石头、石化生物等类似的结合体）所保留的特殊位置（我们将在后面看到），这些混合物本身便证明了不同的自然王国之间存在的联系。

对称在展示中很重要，几乎拥有一种修辞式的类比作用，在物品和要素的排列之中展现出其间的关联性：它是

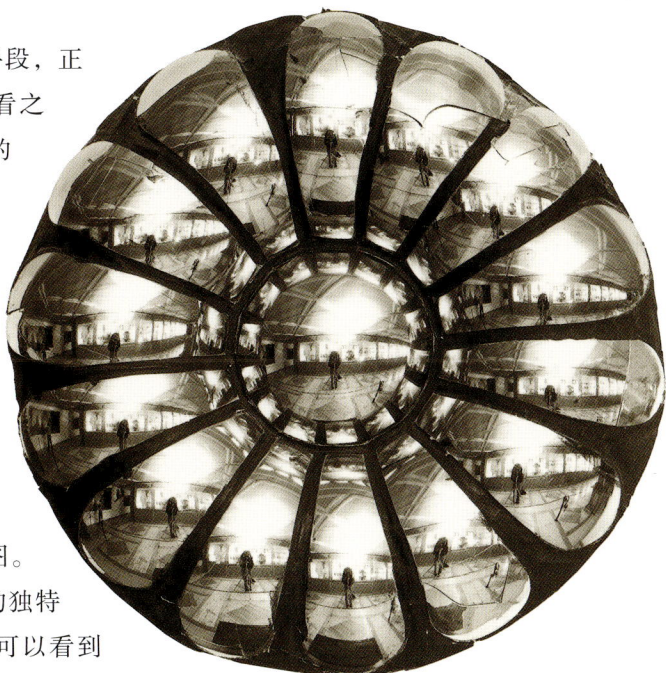

一种分配事物、划分差异和强调隐秘联系的手段，正是这种原则，先验地给观看者一个对于他所看之物的领悟。对称性同时也是藏品展示方式上的美学信条。所谓珍奇柜无非是一系列容器，容器里容纳着更多的容器，其大小以递减的顺序排列，这也是不断寻求特定知识领域的本质的过程。这些盒子和匣子本身装在抽屉里：一系列抽屉共同构成了珍奇柜的元素或陈设，犹如一个个微缩的纪念碑；乌木或象牙、硬石或玳瑁制作的珍奇柜，在房间的空间内依次对称排列。最终，空间本身被制作成版画，变成了收藏目录的卷首插图。这些空间相互嵌套，然后围绕某一特定对象的独特光晕层层叠叠地展开，从而使缺席的观察者可以看到它们。

直到17世纪末期伊莱亚斯·阿什莫尔的时代，珍奇柜仍然与"神秘而又等级化的社会观"联系在一起，从根本上讲，它反映了经院哲学的遗产，及其对世界的寓言式理解。每件如此独特、迷人和奇妙的藏品背后，都隐约可见一种古老的思想，关于这种远古启示的秘密已无处可寻，只能等待着收藏家细致入微而又热切的凝视来再次揭示它。

珍奇柜的历史是逐步碎片化的历史，空间破碎成万花筒般的一片片，其中每个元素——从房间中央的桌子到柜门，从窗户镶边到天花板的设计——都被纳入对唯一且包罗万象的诠释方式和美学方案的追求之中。珍奇柜的各个组成部分因此被编排并赋予了意义，类比和对称则增强了这种幻觉。

珍奇柜的发展背后真正的动因之一，是在艺术与自然之间建立一致性的不懈渴望。因此，珍奇柜证明了最高统一原则的存在。正如朱塞佩·奥尔米（Giuseppe Olmi）[5]

曼弗雷多·塞塔拉位于米兰的珍奇阁，1666年。塞塔拉是17世纪欧洲最富有的收藏家之一。（关于塞塔拉本人的事迹，之后有更多篇幅的介绍，详见第158页。）他出身于米兰的医生家族，本人既是手工艺者（制作科学仪器），又是一位涉猎广泛的收藏家。他的藏品目录按照品类汇集成七册，由他亲自作注。1680年，在他的葬礼上，他的博物馆中最珍贵的收藏品由一队士兵护送，随他的棺椁一同下葬。

列文·文森特（Levin Vincent）富丽堂皇的展览馆，位于阿姆斯特丹，图像摘自《自然奇观》（*Wondertoonel der Nature*），1706年。他的藏品主要是自然物，包括保存在瓶子里的动物标本，以及珊瑚、贝壳和矿石。该展览馆的图录（1715年又出版了附录），在某种意义上是为了给博物学的美学呈现形式提供指南和范本。

**下图** 文森特展览馆中的一个展示柜。

他博学多识，他的演讲严肃而又风趣机智。他的观点和判断中不存在不重要的东西，他的一切行动（源自他的机敏）在长期经验的指引下都指向美德，被各式各样的学说赋予意义，并由他完美的判断力执掌。他的书房里有各种各样的书，并且塞满了包罗万象、令人向往的古董。这里有古代的奖牌、英雄的画像、大理石和青铜的雕塑，还有自然奇观。他的书房在当地被恰如其分地称为挪亚方舟，这是由最杰出的红衣主教德拉·托雷（della Torre）命名的。这间书房是如此的神奇和绝妙，当地人在路过这里时，没有人不想一睹其风采。

——切萨雷·韦切利奥（Cesare Vecellio）

描述位于卡斯特达多（Casteldardo）的

奥多里科·皮洛内别墅（Villa of Odorico Pillone，1590 年）

所说，对融合类并的渴望，在怪诞和诡谲的品位中找到了终极的表达形式，这种渴望在 16 世纪下半叶达到了顶峰，此时正值新大陆开始兜售取之不尽的"奇迹"之时。因此，珍奇柜中"不纯净"的空间在文艺复兴的最后几年中得到了最好的呈现。在矫饰主义和巴洛克风格的转折时刻，人文主义的明晰性让位于多个世界的零散视野，其中既有自然界也有宗教世界，它们全部集中在现实的虚幻本质这一主题上，并在哲学和美学领域就此展开了探索。珍奇柜的历史始于相关性的概念，在人与自然之间，在微观世界与宏观世界之间，或多或少带有玄奥或魔幻的本质。当这种对应关系不可能被揭示时，当珍奇柜的有序空间无法反映现实世界的多重性，而只能勉强自令它仍然包含了世界的一些残留物时，它的瓦解就开始了。从这一刻起，单凭一瞥，再也不可能拥抱整个世界的全部多样性。收藏家渴望将现实世界的各个方面都容纳进有限的空间中，他们为此竭尽全力，却要面对这种渴望越来越不可能的现实，这一紧张关系产生的张力深深地植根于珍奇文化中。这是一个令人头晕目眩的任务，类似于博尔赫斯的地图制作者的尝试，即以一比一的比例来表现最细微的地形轮廓。

我们还可以更加具体地描述珍奇崇拜所需要的空间类型，包括墙壁的高度、家具的深度、空间的组织和藏品的安排，以及在此语境下的所有基本考虑。对比珍奇柜和已经提到的其他类型的空间，就足够为它们提炼出几种模式：政治宗教空间，以中世纪城堡与教堂中的珍宝库为代表，是盲目的权力中心；意大利珍奇阁，具有美学意义的空间，例如文艺复兴时期王公贵族的珍奇柜；最后是业余爱好者的珍奇柜。

中世纪珍宝库存留至今的影响，在于其符号价值和范式意义；在此，收藏品无论在宗教还是世俗意义上，都是

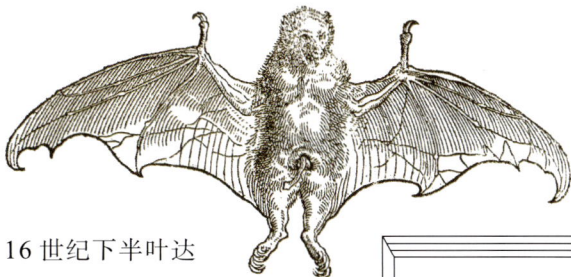

对页 《有异域鸟类的静物画》（*Still life with exotic birds*），伊西多尔·巴尔迪（Isidore Bardi），约 1800 年。

左图 威尼斯的收藏家安德烈亚·文德拉明（Andrea Vendramin）在经过特殊设计的木制展架上展示他的花瓶和古董收藏，花瓶大多数是希腊和意大利南部样式。他在图录手稿上标注的年份为 1627 年。

后页 两幅假想中的珍奇柜绘画作品。左图：格奥尔格·海因茨绘制于 1666 年至 1672 年间，他生活在汉堡郊区的阿尔托纳（Altona）。他描绘的珍奇柜藏品包括典型的自然之物，以及艺术品和纪念品。右图：让·瓦莱特·佩诺（Jean Valette Penot）绘制的一个类似的假想珍奇柜，他 18 世纪中期在蒙托邦（Montauban）工作。

权力标志和主权象征。宝藏遗物与王权紧密相连，它们在政治上的重要性在于保证持有者的权威和合法性。德国"艺术屋"（Kunstkammrer）的前身是"藏宝库"（Schatzkammer），尽管后者与前者在概念上其实是对立的。这种带锁的地窖或穹顶地库的首要任务是保护和存放财宝（例如，撒克逊王朝的皇家宝藏被保存在"绿穹"的坚固大门之后，甚至抵御了 20 世纪的轰炸）。这一空间的功能是悖论式的，它是不可见的，通过隐而不现来凸显其存在。

"艺术与珍奇柜"（cabinet of art and curiosities）这一术语是渐渐发展而来的，它被用来特指一个封闭的空间，通常相当狭小，有时候会被隐藏起来，其特征是用途单一，物品的陈列具有学术意味，它们被集中收藏的首要目的是研究，而不是展示。在 14 世纪的法国，珍奇柜的前身叫珍奇斋（法语 estudes，直译更接近书房），15、16 世纪在意大利又被称作珍奇阁（意大利语 studioli，直译更接近书房）。1550 年左右，艺术屋（Kunstkammer）这个名词出现在德国，不久之后还产生了珍奇屋（Wunderkammer）这一说法。在前文提到的奎切伯格的著名论文中，他第一次明确地把这两个词放在一起："艺术屋是一个放满艺术品的密闭空间，而珍奇屋是用于收藏珍奇物品的。"16 世纪后期，这两个词合成了一个词：艺术与珍奇屋（Kunst-und Wunderkammer），在经过冯·施洛塞尔的使用后，这个术语进入了各国历史学家的词汇库中，广为流传。时至今日，这一德语词及其在欧洲各国的变体（法语 cabinet d'art et de curiosité，意大利语 camera d'arte e di meraviglie）已经成为通用术语，但在此前的许多年里，还有很多类似的表述同时存在并被人们普遍使用，尤其是来自戏剧领域的词汇，例如拉丁语的"世界剧场"（theatrum mundi）和"人类剧场"（theatrum sapiente）。此外还有来自博物馆、库房（promptuaria）、档案室、古董阁、珍品阁、怪奇阁（cabinets of antiquities, rarities and oddities）等领域的名词。

撇开五花八门的表述，这些用于学习和收藏的场所有两个方面是共通的：一是对藏品的折中主义选择和组织方式，二是它们每一个都被赋予了独特的个性。文艺复兴时期试图在古典智慧的两极之间建立一种综合体：将自然最狂野、最原始的形式和艺术最大胆的宣言相结合。此一时期的藏品显示出普遍的巨大野心，通过其分类就可见一斑：自然物、奇观、手工制品、科学用品、古董和异域珍品。还有博物标本、化石以及正常和非正常的动植物学样品，绘画、雕塑、金银器、纺织品、金属器物、陶瓷和皮革制品，以及科学仪器、自动装置和用于民族志研究的物品。总而言之，每种收藏的个性首先取决于其创始人和创作者的个性。

人们普遍认为，在中世纪末期，珍奇柜接替了教会和皇室宝库的典型职能。在教堂和圣所保存的艺术品、文物和其他遗物（有时是世俗的），昭示着人文主义者的艺术品和珍奇收藏的到来。中世纪的皇家珍宝库，不管是在形式和特征上，还是藏品的稀有性上，都预示着 16 世纪收藏的模样。因此，这些或世俗或宗教的宝藏和文艺复兴时期私人博物馆不仅仅密切相关，应该说它们之间有直接的血缘关系。但是这种连续性——事后看来如此显而易见——在某种意义上无疑也是人为赋予的。尽管如此，在 14 世纪和 15 世纪之交，法国藏品数量的增长，实际上在中世纪收藏和之后风靡整个欧洲的珍奇柜之间建立了联系。法国查理五世（Charles V，1338 — 1380 年）以及他的弟

## 小型珍奇阁

**后页** 16 世纪最后 25 年间，制作于奥格斯堡（Augsburg）的一个精美的塔形珍奇阁，隶属于著名的蒂罗尔的斐迪南在阿姆布拉斯宫的收藏。由雪花石膏、大理石、木、银、镀金青铜和半宝石制成。其上的很多小部件都可以打开，放置有斐迪南的精选钱币收藏品。

对页　由琥珀、木头和玻璃制成的珍奇柜，制作于柯尼斯堡（Königsberg），时间稍早于1728年。当时由普鲁士的弗里德里希·威廉一世（Friedrich Wilhelm I）献给萨克森的强力王奥古斯特二世（King Augustus the Strong）。琥珀在宫廷礼品中倍受追捧，由于普鲁士在地缘上接近波罗的海，因此在实际上垄断了琥珀的生产。这个珍奇柜上的马赛克图形由不同颜色的琥珀组成。目前被收藏在德累斯顿的绿穹珍宝馆（Grünes Gewölbe）。

弟贝里公爵（Duc de Berry，1340—1416年）的珍奇斋，成为后世收藏家的典范。这些隐居式的场所，为主人提供独处空间和隐秘的享受，其布置和展示的标准，虽未明确表述，但已能够辨别，即"自然"和"人工"的双重标准，这也是收藏者的兴趣所在。贝里公爵特别添加了以下的重要藏品，包括鸵鸟蛋、野猪獠牙、猛犸象骨头、蛇皮、防御毒药的护身符、贝壳和具有神秘力量的物品。

第一个严格意义上的书房珍奇柜（cabinets of study and curiosities）出现在15世纪后期的意大利北部。这些王宫中的小房间被称为珍奇阁，通常在规模上毫不张扬（长度很少超过六米半），位于宫殿中的僻静之处而具有私密性，内部装饰丰富。其中的收藏品具有双重性质：一方面象征着对智力和学识的求索，另一方面又象征着对艺术和珍奇物品的追求。其主题主要来自古典（但不是唯一来源），其存在是为了王公贵族和他的核心圈子的私密享受。依据时间顺序和知名度，最重要的珍奇阁包括：莱昂内洛·德·埃斯特（Lionello d'Este，1407—1450年）建造的珍奇阁，位于费拉拉附近的贝尔菲奥雷宫（Palazzo Belfiore）；皮耶罗·德·美第奇（Pietro de' Medici，1414—1469年）建造于佛罗伦萨的珍奇阁，以其收藏的珍奇自然物而著称，随后被伟大的洛伦佐（Lorenzo the Magnificent）继承；还有费德里科·达·蒙特费尔特罗（Federico da Montefeltro，1422—1482年）的珍奇阁，位于乌尔比诺总督府（Palazzo Ducale in Urbino）。16世纪初期，伊莎贝拉·德·埃斯特（Isabella d'Este，1474—1539年）在曼托瓦总督府（Palazzo Ducale in Mantua）内的旧庭（Corte Vecchia），创建了她著名的珍奇阁以及相连的"洞窟"（grotto）。四分之一世纪之后，美第奇家族的弗朗切斯科

一世（Francesco I de'Medici，1541—1587 年），在佛罗伦萨的旧宫建立了意大利文艺复兴时期最为包罗万象、堪称百科全书的珍奇阁，并设有作坊和锻造工场。

来自佛罗伦萨的这一范例具有极高的价值。首先，它与阿尔卑斯山以北国家宏大的宫廷珍奇柜处于同一时代，因此提供了一个检验珍奇柜是否存在南北差异的机会。其次，其创始人不仅具有作为收藏家和鉴赏家的追求，更重要的是作为一位工匠出于愉悦和兴趣的追求，这一点与 16 世纪后期欧洲的其他统治者不谋而合，他们都渴望尝试新材料（例如人造石、特殊形式的熔融玻璃、武器和黄金制品）。仅仅几年的时间之内，弗朗切斯科·德·美第奇的珍奇阁（1570—1575 年），就与巴伐利亚公爵阿尔布雷希特五世（Duke Albrecht V of Bavaria，1528—1579 年）在慕尼黑的艺术屋（1563—1567 年）拉开了差距。对物理空间的简单比较就说明了这一点。在旧宫中，珍奇阁占据了一个单独的房间，该房间约有八米乘三米的面积，没有窗户或展示柜。藏品虽然被放置在封闭的柜门后面，表面上没有任何形式的标识，但仍然不可否认是被小心翼翼地收藏着。这是一个公众无法进入的地方，每件物品都是王公贵族收藏的私人财产。与之形成对比的是，阿尔布雷希特五世在慕尼黑的艺术屋，占据了一座独立宫廷建筑顶楼的两层，建筑物外围还有一个巨

大的矩形庭院。该建筑的最大
侧翼长三十五米，与其他三
个侧翼一样，由约二十个
可以俯瞰庭院的窗户和外
立面上的另外二十个窗户
提供采光。 这里的每一件
藏品都经过仔细标记，或摆
放在宽阔的桌子上，或悬挂
在墙壁、天花板上。此地聘用了许
多享有盛名的专家，以增加藏品，其中最著
名的要数雅各布·斯特拉达（Jacopo Strada）
和尼科洛·斯托皮奥（Niccolo Stoppio）。公众
中身份尊贵的成员，比如艺术家和鉴赏家们，都可
以轻松参观这些收藏。这里的构思与布局都遵循
两个标准：最大化地展示收藏品，以及彰显威望。

相比藏品内容，这两个对立的例子在建筑
空间上的差异似乎更能证实南北之别，实际上
它们分别代表了欧洲珍奇文化的两个极端。在
1560—1580 年的 20 年间，王公贵族的收藏
数量成倍增加，而且变得更加有组织，尤
其是在阿尔卑斯山以北的地区。但是，在
意大利和日耳曼国家形成的轴心之外，法
国和英国的珍奇崇拜只是部分王室成员的
次要兴趣。尽管如此，在法国，皇家收藏
仍然早在弗朗索瓦一世（Francois I）统治
时期就被具有民族志意义的藏品所丰富，这 些
物品是最早涉足新大陆的探险家——包括最著
名的雅克·卡蒂埃（Jacques Cartier，1491—
1557 年）在内——带回的。同一位国王在枫
丹白露宫建立了一个"小型珍奇"柜，"其
中包括古董奖章、银器、花瓶、人像、动

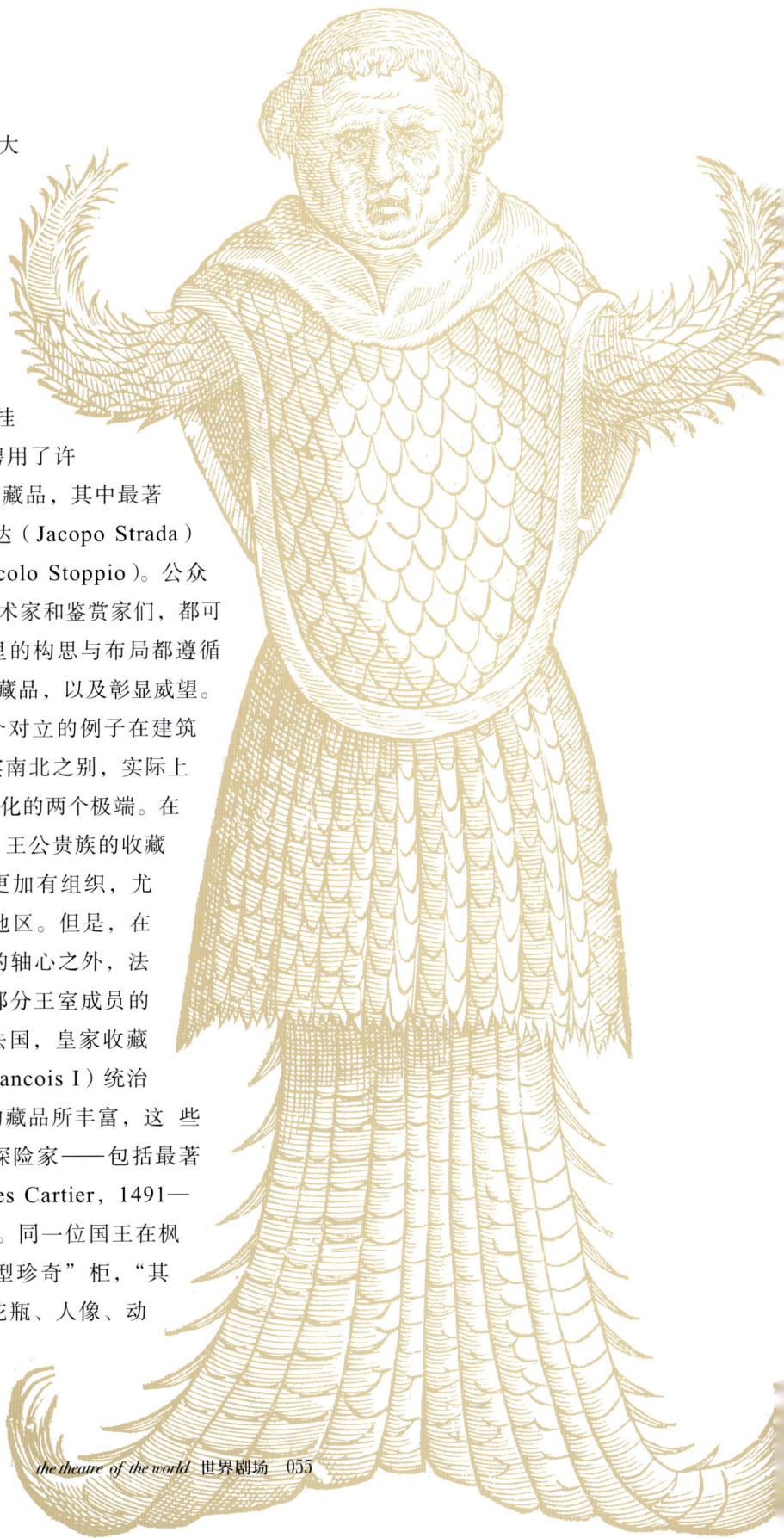

德国的一座小型宫殿里，每一件崭新的艺术柜（kunstschrank）的到来都称得上是一个大型事件。这幅绘画作品就展现了这样一个场景：1612 年，奥格斯堡的菲利普·海因霍夫（Philipp Hainhofer）正在向波美拉尼亚公爵菲利普二世（Philip II）的宫廷展示他的艺术柜。海因霍夫是一个商人，依靠向德国王公贵族供应奢华的艺术柜而发家致富。这幅绘画中展示的艺术柜毁于 1945 年。它由胡桃木、乌木和象牙制成，顶端配有一组银质塑像，描绘了围绕着帕尔纳索斯山的九位缪斯和"七艺"，在稍低处，还有大陆、十二星座和人类的象征。换言之，该艺术柜的造型所具有的广博的象征意义，照应了其中的内容——包含自然、艺术和思想的广阔世界。

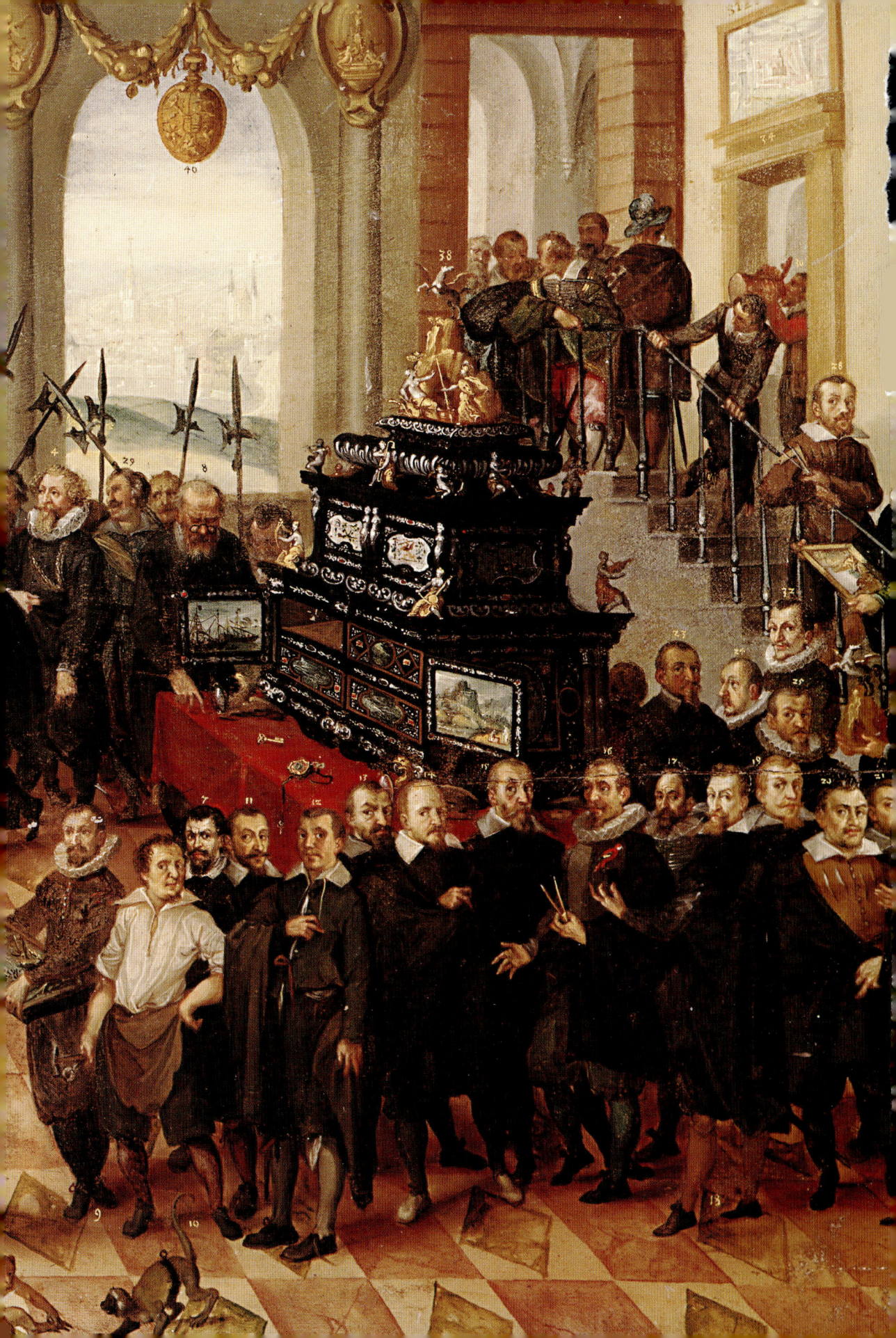

一件精美的艺术柜，大约制作于 1625 年的奥格斯堡。它由彩色大理石和乌木制成，包含通常使用的各种物品，包括天然品和人造物品，并特别强调基督教美德。该艺术柜被保罗·盖蒂博物馆（Paul Getty Museum）收藏时，经由 S. 斯沃博达－尼科尔斯（S.Swoboda-Nichols）委托，用矿物和贝壳制作了临时顶盖。

折页 在三十年战争期间，当古斯塔夫·阿道夫（Gustavus Adolphus）进入奥格斯堡时，该市出于外交目的向他赠送了由菲利普·海因霍夫委托制作的艺术柜，该艺术柜及其中的全部藏品现存于乌普萨拉大学。这是一个由自然物和人造物（包括时钟甚至钢琴）组成的微缩宇宙。柜门打开后主要展示了矿物和浮雕。

顶盖是金匠约翰内斯·伦彻（Johannes Lencher）用石头、珊瑚和贝壳制作而成的，最上层放的是一个用海椰子（coca-de-mer）制成的杯子，镶嵌在银质基座上。打开古斯塔夫·阿道夫艺术柜的另一面，可以看到所谓的"药房"，里面装有被认为可以预防日常中毒的药罐和器皿（右），还有日常卫生用品（左），包括剪刀和小刀。

物、祭服，以及来自印度和其他国家的作品和无数的小藏品"。但这些收藏的历史在 16 世纪 90 年代之后就中断了，亨利四世（Henri IV）试图赞助探险家让·莫凯（Jean Mocquet）并重建"稀奇屋"（Cabinet de singularitez）的野心落空了。在同一时期的英国，历史学家找不出任何一个可以与欧洲大陆相提并论的艺术和珍奇柜的实例。

珍奇阁的首要目的，是通过受古典神话启发的图像志，宣示其所有者的显赫尊贵。[6] 珍奇阁内部整洁，有足够的空间摆放艺术品，每件艺术品都代表了整体的寓言式含义的不同方面。弗朗切斯科·德·美第奇在旧宫内的珍奇阁是最著名的例子，其角落的雕像呼应了绘画中描绘的四个元素的主题 [ 例如，亚历山德罗·阿洛里（Alessandro Allori）的《采珠人》（Pearl Fishers）的航海主题与温琴佐·丹蒂（Vincenzo Danti）的维纳斯雕像相呼应 ]。在这个表面的主题下，还存在着另一层潜在的含义，那就是通过艺术或魔法的力量驾驭自然。图像志和这些高贵的主题一起，为珍奇阁提供了存在的意义。

业余收藏家的收藏柜在 17 世纪下半叶接替了珍奇柜，并以尺寸的变化作为前提。无论是对真实空间的描绘，还是（更可能地）对虚构之地的描绘，弗朗兹·弗兰肯（Franz Francken）的绘画都善于以绝妙的手法呈现不同空间的样貌。宽敞的房间内，高高的墙壁上挂满绘画（每幅画中画均经过精心绘制，可被清楚识别，堪称神笔），其悬挂方式似乎可以预见现代画廊的风貌。前景的桌子上摆放着奖章、珊瑚、象征人类虚荣之物、宝石、贝壳、化石等收藏品，这些收藏品在一个世纪之前可以填满一个珍奇柜。但是，所有这些藏品本来可以充当一个早年珍奇柜的完整收藏，现在却仅仅构成绘画和画廊的一部分。前者出现在后者的范围之内，后者在各个方面都包含着前者。同时，在图像的一角，对花园或其他房间的一瞥，为房间内的藏品布置提供了背景，以及新鲜的视角。

对页　由银、部分镀金、珐琅、天鹅绒、丝绸、水晶和乌木制成的书写盒（writing box），文策尔·雅姆尼策（Wenzel Jamnitzer）完成于 1502 年，纽伦堡。最上方的人物形象是哲学的象征，她手中的碑牌上写着："科学修复记忆中已逝去的事物，为艺术竖立持久的纪念碑，并让那些堕入黑暗之物重见光明。"

一个世纪以后，在不同的历史和地理环境之下，在雅克·德·拉茹埃（Jacques de Lajoue）所描绘的约瑟夫·博尼耶·德·拉·莫森（Joseph Bonnier de la Mosson）的珍奇柜（见第184页）中，装饰性成为首要意义而被强调。在此，正是房间的建筑设计和装饰风格——包括它的规模和比例、线条的优雅、木制品的设计以及涡卷形装饰和蔓藤花纹的典雅——使得观众在迷失于眼花缭乱的收藏内容之前，首先被这些装饰吸引，并形成主要的视觉印象。这些收藏被分配到专门用于光学、自然科学、地理学等专业领域的展示柜中。其内部空间被呈现为一幅经过巧妙安排的图景，明亮、通风且近乎幻想。这是一个外行人可以用独立、客观的眼光学习自然科学和收藏品的空间。

尽管所处环境可能有所不同，但珍奇柜的内部空间大部分是根据固定的方式分配的。每个角落和壁龛都被塞满，从地板到天花板都堆满了珍贵稀有的物品，从本质上讲，它无法展示其中包含的所有宝藏（因此需要扩大其空间，尽可能多地使用不同的表面、桌面和抽屉）。这是一个私人空间，需要按照参观礼仪规范进行正式引见，正如从蒙田到约翰·伊夫林这样有学识的旅行者所描述的：一场发扬物品崇拜的展示仪式，物品的历史、起源和庞大的谱系通过狂热的仪式展示在信徒面前。

在如此狭窄的空间内塞满如此多的物品，产生了使人眼花缭乱的视觉缩小效果。除了引起人们对形式和表面相似性的类比外，还产生了更为突出的效果，即使得每件藏品的独特品质、每一个收藏的多样性都得到了鲜明的体现。

从心理学的角度来看，如此大量的物品不仅为每个收藏的历史提供了动人的线索（这些收藏以概览的形式让我们看到，为此付出的巨大努力随着时间的推移必将四散），而且更重要的是，也证明了一种持续且难以满足的需求——不断增加、完善、聚集藏品，直到不留一丝缝隙。它述说着占有欲和获得感、未完成的作品和完成的收藏之间循环往复的轮回。这些承满物体的柜面，凝固在林立的等级制度和不偏不倚的对称性中，仍然充满奇异的生动性。它们热烈、急切、令人兴奋，毫无疑问，这就是它们始终如此迷人的原因。

同时，它们还特意给观看者带来这样的效果：用纯粹的奢华和极致的丰裕感动他，然后将他从一个物体引向另一个，每一个都比之前的更奇特或更美妙。奇妙是珍奇柜的主旨，而奇妙的藏品——广泛分布于不同的历史时期和地理范围之中——是其最基本的组成部分。

# 打开珍奇柜

## OPENING THE CABINETS

珍奇柜给人的第一印象，是一个微缩的世界，物品的庞杂丰富让人摸不到头绪，似乎没有开始也没有结束。它期待观看者们打开每一个柜子和抽屉，仔细查看其中的每一件藏品。

**左图** 由海之信使特里同（Triton）背负着的贝壳杯，其手臂被囚禁在底座中。这只杯子由一位不知名的艺术家于 16 世纪末制作，现在收藏在维也纳。

**后页** 这幅画作于 1665 年左右，受到帕斯顿（Paston）家族的委托，记录了雅茅斯收藏（Yarmouth Collection）中的一些珍宝，可能是由一位荷兰艺术家完成的。它生动地表现了珍奇柜所包含的物品，显示出收藏家的广博兴趣，这也正是激发其收藏活动的源泉。藏品包括动物和矿物标本、艺术品、乐器、一个地球仪、一个沙漏、两只鹦鹉螺杯，其中一只带有神话中的萨提尔（Satyrs）形象。此外还有非洲人抱着猴子的形象，显示出对异域文化的暗示。

28 A

25

Pi–Wr.
992

# 自然物和人造物 *Naturalia and artifcialia*

像其他任何收藏品一样，在珍奇柜中，每一件物品都因其稀有而得到存在的合理性。这种稀有性可能纯粹是偶然的（例如，该物品是某个系列中最后幸存的一部分）；或者与其来源有关，无论是在时间上（如文物遗迹）还是在空间上（如民族志相关的物品）；也可能源自其出色的做工（如精美的金币、象牙制品和类似物品）。

正是某个物品如此的非凡品质赋予其被收藏的合理性，而这件藏品反过来又证明了该收藏存在的合理性，这种互证关系在每一次新藏品加入时都得到一次更新。某个心理学流派在这种对稀有之物的追求中，发现了推动所有收藏家的基本动力：一种投射自身形象的心理需求，即从自己收藏的物品之中，看到一个令人激动和自我陶醉的自身形象。

对珍奇物品稀有性的追求，导致在普通收藏中对物品独特性的追求不断被强化；或者说，独特性成为一道门槛，对极致独特的追求演变到了追求不协调之物的地步。如果说造物被分成自然物和人造物两大王国，那么这一趋势便使得异类和怪胎在这两个王国之中都成了备受追捧的宠儿。

珍奇柜致力于在这两个王

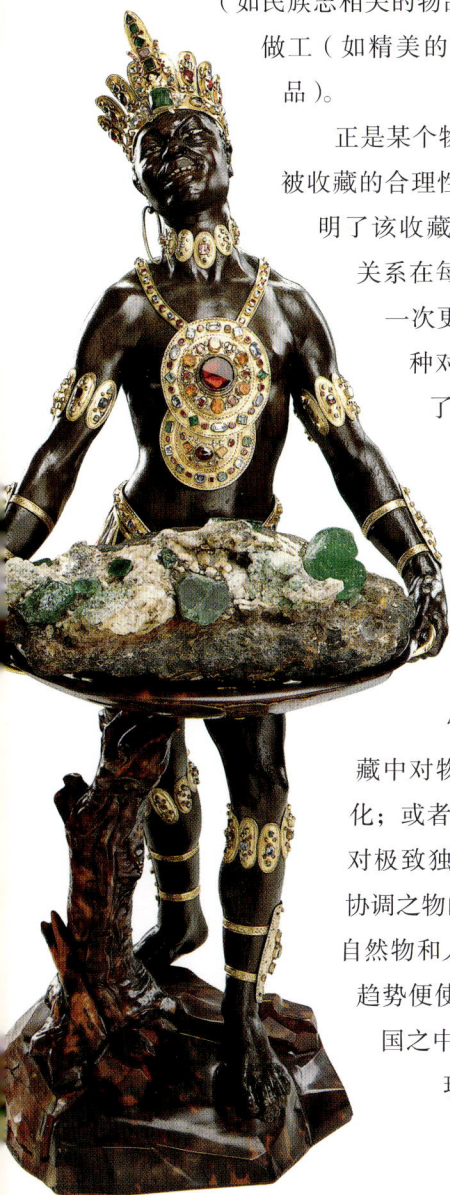

## 矿物的世界

收藏矿物既是出于其科研价值，也是出于其美感，二者其实很难截然分开。

**对页** 哈勒收藏中的鹦鹉螺化石和其他石头。（第 27 页折页图的细节）

**左图** 1581 年，由鲁道夫二世赠送给萨克森选帝侯、强力王奥古斯特的一枚镶有十六颗大翡翠（现有十颗保存了下来）的原石。它来自南美洲的哥伦比亚，后由选帝侯委托雕塑家巴尔塔扎·佩莫瑟（Balthasar Permozer）为它制作了一个南美洲印第安人形象的底座，在这个人物的身上加饰了更多的珠宝，包括红宝石、蓝宝石、黄玉、石榴石和玳瑁。

**背景图** 木版画，出自阿尔德罗万迪的《金属博物馆》（*Museum metallicum*，1648 年）。

**右图** 玉制面具，可能产自美洲中部，由美第奇家族购买。底座是用黄金、珐琅和钻石制成的，大约制作于1650年至1660年间。

**对页** 美第奇家族对洞窟的兴趣越来越大。在卡斯泰洛别墅（Castello）里留下了两个大型洞窟遗迹，其中雕刻的动物像是从岩洞洞穴中生长出来的。每一个动物都由不同的石头雕刻而成，其创作者据说是雕塑家詹博洛尼亚（Giambologna）。

**下图** 石杯，来自意大利，16世纪后期，美第奇家族定制。

**背景图** 出自贝斯莱尔《稀有物种合辑》，1622年。

**后页** 将人类的想象力赋予美丽矿石的两件绝妙作品。

**后页｜左图** 乌普萨拉珍奇柜（Upp-sala Cabinet，第59—62页）一扇柜门上的装饰板。脉状的矿物纹理化身成某种充满神秘色彩的风景，幻想中的军队在其中活动。

**后页｜右图** 运用佛罗伦萨艺术家发明的"硬石"技法创作的画作。

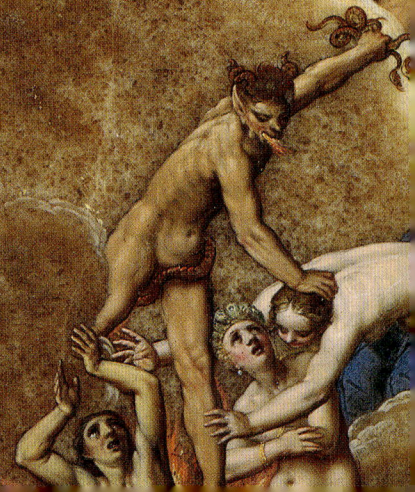

## 贝壳：已逝去的生命

贝壳，生命和自然的造物，深得
矫饰主义者的喜爱，它们奇特的
形状和颜色超出了任何一个艺术
家的发明创造，同时，它们暗示
了一个与人类完全无关的世界，
带有黑暗的象征意义，令人不安
的同时却又散发着令人欲罢不能
的美丽。

**右图** 《贝壳》（*Shells*），巴尔
托洛梅奥·宾比（Bartolomeo
Bimbi）作。

**对页** 托斯卡纳大公弗朗切斯科
一世很喜欢研究自然现象，包括
炼金术。他的珍奇阁位于佛罗伦
萨的旧宫中，这个小到能引起幽
闭恐惧的房间摆满了绘画作品，
由部分当时最杰出的矫饰主义艺
术家创作而成，画中形象栩栩如
生，弗朗切斯科一世可以进入其
中与它们"密谈"。这些画作常
以矿物质和宝石为主要题材，同
时出现的还有古典作品和寓言中
的人物。亚历山德罗·阿洛里的
作品《采珠人》（局部），不仅
表现了采珠人和珍珠，也描绘
了出产珍珠的奇形怪状的贝壳。

**背景图** 出自贝斯莱尔《稀有物
种合辑》，1622 年。

这里还有镶嵌着珍珠和宝石的石头。简
而言之，这类珠宝的数量如此之多，以至于
这个珍奇柜本身便是不可估量的宝藏。在下
一个珍奇柜中，有保存完好的红土瓷，以及
其他来自中国和日本的瓷器，其中还发现了
一些赝品，这些常见的伪造品来自荷兰，因
为价格较为便宜而广受欢迎。

——夏尔·帕坦（Charles Patin）
穿越德国之旅，1696 年

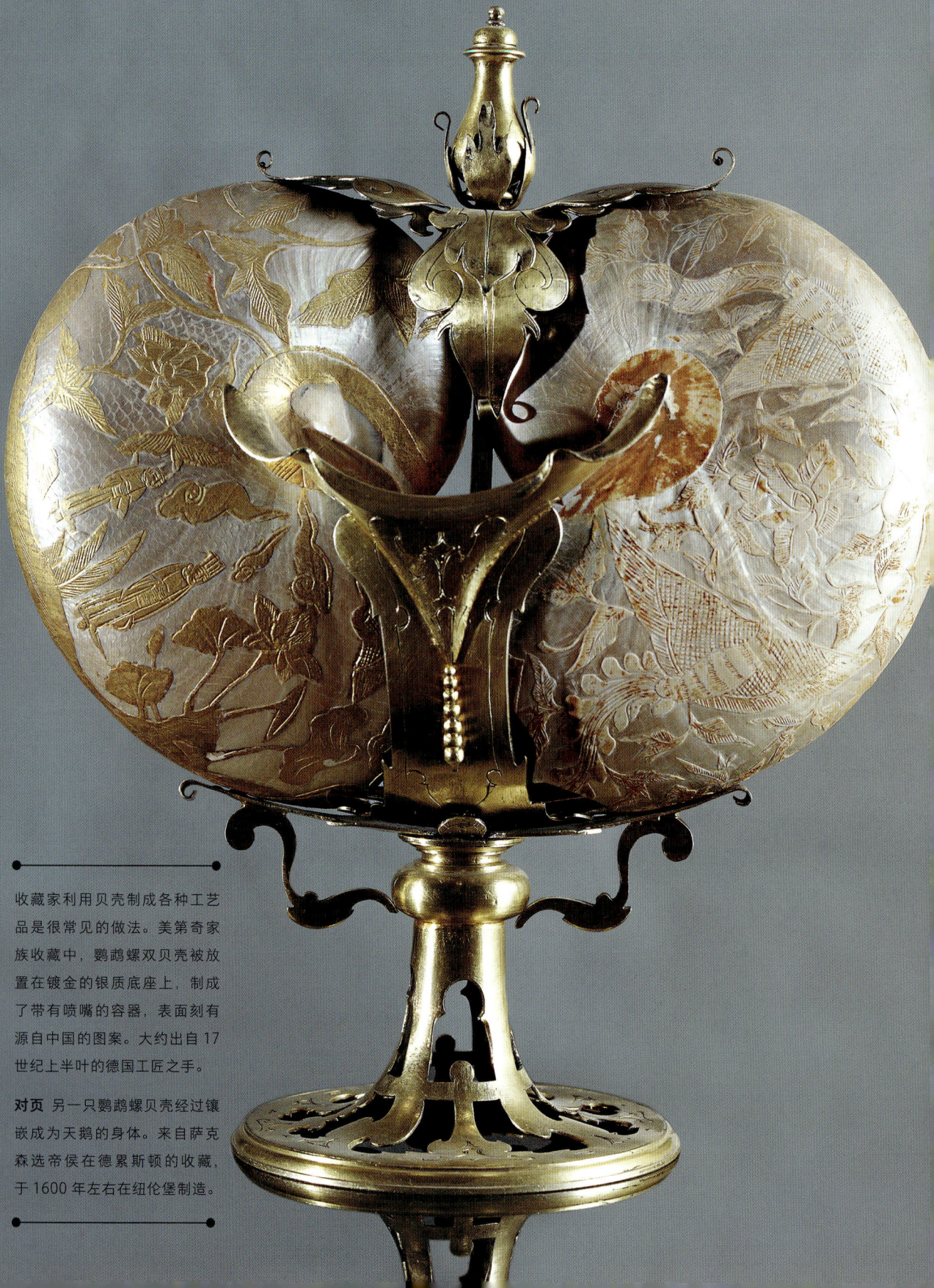

收藏家利用贝壳制成各种工艺
品是很常见的做法。美第奇家
族收藏中，鹦鹉螺双贝壳被放
置在镀金的银质底座上，制成
了带有喷嘴的容器，表面刻有
源自中国的图案。大约出自17
世纪上半叶的德国工匠之手。

**对页** 另一只鹦鹉螺贝壳经过镶
嵌成为天鹅的身体。来自萨克
森选帝侯在德累斯顿的收藏，
于1600年左右在纽伦堡制造。

1683 年，托斯卡纳大公科西莫三世（Cosimo Ⅲ）为博洛尼亚侯爵费迪南多·科斯皮展示了一系列贝壳和矿物收藏。藏品目录的手稿中，收录了由贾科莫·托西（Giacomo Tosi）完成的细致入微的插图。通过其中的一张图绘，可以看出贝壳是如何被展示的。

**折页** 佛罗伦萨的美第奇家族是贝壳的狂热收藏者，他们用许多巧妙的方式展示这些贝壳藏品，其中最精彩的非此页中的作品莫属。此处近距离展示的头部造型由贝壳组成，以纸浆塑形（papier mâché）作为基底，身体的部分则有木制基底。它们反映了当时人们对于遥远国度的兴趣，有证据显示在当时的佛罗伦萨宫廷中已经有非洲奴隶的存在，这些人可能来自刚果。它们也表现了对朱塞佩·阿尔钦博托（Giuseppe Arcimboldo，见第129 页）艺术的理解，阿尔钦博托发明了用各种材料组成人物形象的艺术手法。

## 珊瑚：生与死之间

珊瑚由微小海洋生物的（石灰质）骨骼堆积而成，其形态让人联想起生长中的植物。它似乎汇集了动物、植物和矿物的特点，因此受到收藏家的特别青睐。在斐迪南二世的阿姆布拉斯宫收藏（1550—1575 年）中，珊瑚标本被固定在石膏底座上展示。

**上图**　固定在银质镀金鸵鸟上的鸵鸟蛋，上下都装饰有珊瑚。奥格斯堡的克莱门特·基克林格（Clement Kicklinger）制作于 1570 年至 1575 年间。

**下图**　珊瑚吊坠，其黄金底座镶有宝石。

国之间建立连接，二者被依次归入"奇观"或"奇迹"的类别之中，该类别下的物品也可以既是自然物又是人造物。

因此，艺术杰作和精巧的技术手法，与神圣万能的造物（包括自然的奇观、遗迹和遗留在人间的神迹）同台竞技，这两大王国共同构成了完整的世界，或是一个宏观世界的投射，造物总和的缩影。如果世界可以被放置在一个房间中，那是因为没有一件自然之物是无意义的，它们都彰显着某种精密安排或潜在的含义。修辞学家埃马努埃莱·泰绍罗（Emanuele Tesauro）总结道，所有的一切都是隐喻。"如果大自然通过这些隐喻对我们言说，那么，它作为所有可能隐喻之总和的百科全书，逻辑上必须成为无所不包的整个世界的隐喻。"[7] 同时，收藏家发挥了幕后操纵者的作用，将这两个链条结合在一起。从珍奇柜最早问世到16世纪中叶，这两极之间的回声和反响就承担了至关重要的角色。每一个珍奇柜收藏由于对不同类型藏品的着重而产生区别，与此同时，它们的本质目标都是揭开对天衣无缝的造物的隐喻，这一点又将它们统一了起来。药剂师乌利塞·阿尔德罗万迪和费兰特·因佩拉托的珍奇柜因为出色的"自然物"收藏闻名于世，而鲁道夫二世的珍奇收藏则处于另一个极端，因为它对各种形式的生物以及人造物和装置都有着最广泛的兼容并包。

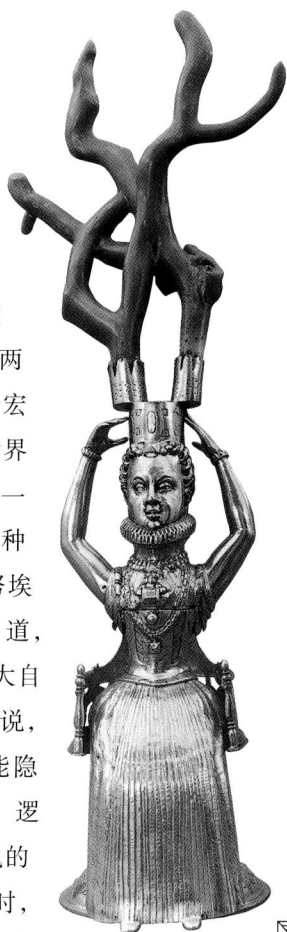

《自然奇观》，由荷兰人列文·文森特（Levin Vincent）写于1706年。书中这个珊瑚和贝壳的展示方式（见对页）明确显示出了艺术和科学的共存。上半部分的区域被安排得具有装饰意味，下半部分的抽屉则收藏了用于学术研究的标本。

**左图** 17世纪早期的两个饮水杯，由埃伯哈德·林德曼（Eberhard Lindeman）制作于托尔高（Torgau），是德累斯顿收藏的一部分。

另外两个珊瑚制品体现出自然物转化为人造物的例子。

**左图** 为了躲避阿波罗的追赶，达芙妮祈祷自己可以变成月桂树，这一题材吸引着各个时代的艺术家。1550年左右，文策尔·雅姆尼策利用珊瑚来表现达芙妮变成树杈的手。

**右图** 蒂罗尔的斐迪南在阿姆布拉斯宫的收藏中一件精致的"洞窟"制品，珊瑚被用来制作石头、树木、三个玛丽亚、耶稣、两个小偷和处决他们的十字架。

两种趋势迅速出现，其中之一是在对科学的追求下对物品进行大量收集，这些物品将相应地成为科学研究的分析对象。另一种趋势则是对造物多样性的全面反映，是一种介于魔法和神学之间的野心。这种混合而成的审美需求，表现为将艺术与自然融合在一起的欲望，并在奇异和怪诞中寻求其发展。在 16 世纪下半叶，这种欲望的影响力越来越强（并得到了普遍认可），伴随着新世界的开放和由此而来的无穷无尽的稀奇古怪之物，得到了进一步的强化。

A. A. 谢尔顿（A. A. Shelton）总结说[8]，阿尔德罗万迪的意图"并不是歌颂神圣秩序的对称与和谐"，而是对相对主义观点的验证，即通过收藏中展示的可能性和素材，证明自然环境会影响人类风俗和文化。与之形成对比的是博洛尼亚主教秘书安东尼奥·吉甘蒂（Antonio Giganti）的收藏，他会将自己的"收藏品中相似和不相似的物品并置，按照某种特定的主题归类存放。他对物品进行排列和分组而形成的对称性，被认为是自然界固有的：反映了世界的和谐统一"。

这两种类型的收藏之间的差异，以及其中的藏品的扩充，也许可以比拟为不同的语言方式（粗鄙的或学术的，方言或拉丁语，描述性的或修辞性的）和文化（"高"或"低"）的对立，这种现象在这一时期影响很深，一直到现代文明中还有体现。中世纪修辞的不同风格被转化到

## 蜡像：生命的影子

一直以来，上色的蜡像都可以欺骗人的双眼，达到以假乱真的地步，蜡像所带有的这种介于真实与虚假之间的属性，对于珍奇收藏家来说颇具吸引力。通过自然主义的描绘方式，真实的服装和头发的修饰，蜡像所呈现的以假乱真的效果确实惊人。

**右图** 哥达的腓特烈二世公爵（Duke Fredrick II of Gotha），1700 年左右制作的蜡像。这件作品近年来被换上了用真实面料制作的服装。

**对页** 哈勒收藏（见第 26—31 页）中，一系列以死者遗容为模型的蜡制面具。架子上层的面具，被装扮得像活人一样；而最下方放置的面具，双眼紧闭，和尸体一起放在棺材里，更加令人不安。

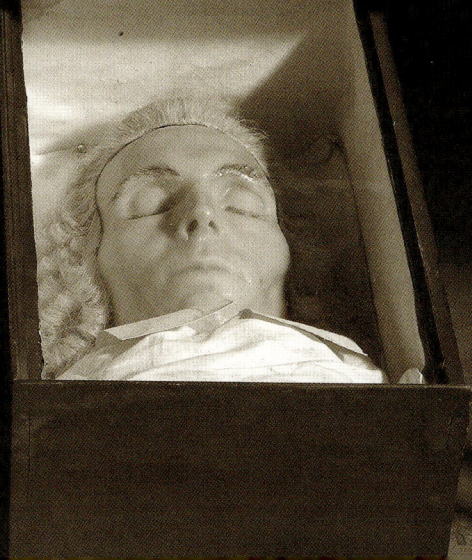

丹麦皇室的收藏是最重要的皇家收藏之一，位于哥本哈根的罗森堡宫（castle of Rosenborg）。这一收藏于 1660 年左右由克里斯蒂安四世（Christian IV）创立，相比自然物的收藏，珠宝、艺术品和工艺品的收藏始终更为丰富。

这两个非常写实的人物半身蜡像，刻画的是未来的国王弗雷德里克六世（Fredrick Ⅵ，左侧）以及他的童年玩伴，一个叫作卡尔（Carl）的孤儿，他们当时的年龄都是三岁。

了绘画之中，绘画是人造之物里一个重要的组成部分，一直被各时代艺术家传承。这就解释了为什么鲁道夫二世的收藏中有两种明显是互斥类型的绘画，他对这两个类型给予了同样的重视。一种是夸张的矫饰主义绘画，比如斯普朗格（Spranger）这样的艺术家：庄重而精致，带有复杂巧

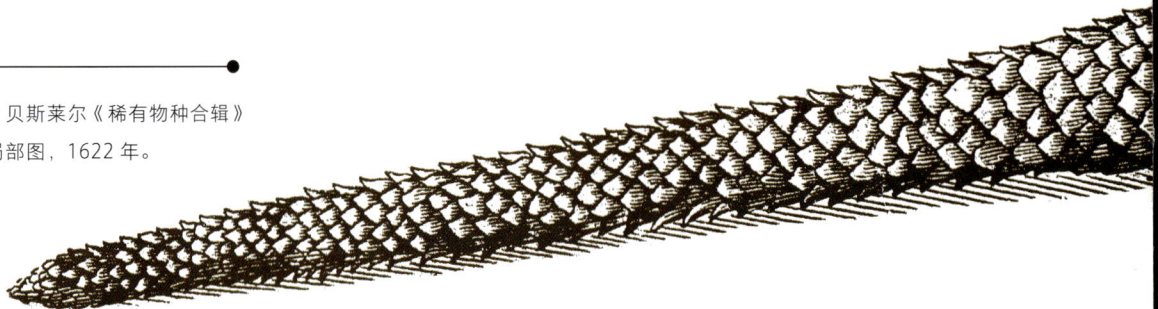

右图 贝斯莱尔《稀有物种合辑》中的局部图，1622 年。

一种将生物变成可供收藏的物品的方式，就是将它们用金属材料浇铸，这逐渐演变成一项精巧的技术。下图这只镀银的鳄鱼，于1575—1600 年间制作于德国，是一个用来装沙子的容器。

妙的情色意味；另外一种则是如罗兰特·萨维里（Roelandt Savery）这样的艺术家：坚定的自然主义者，拒绝理想化的表达，是新绘画形式的倡导者。这两派绘画处于艺术谱系的两个极端，代表着两种"模式"或风格，它们的共存对于维持珍奇收藏作为一个整体的平衡和生命力至关重要。[9]

迄今为止对于自然科学的强调，转向了以寓言性、象征性的视角为先去看待世界。在后一种类型的收藏中，关注点转移到了寻找事物之间的联系以及自然与艺术之间有待发现的关系链条上，还包括对潜在的类同性的确信。同时，对于那些持相反观点的人，或认为看不见的秩序不可验证并因此

## 被定格的生命

**后页** 利用纸浆塑形技术做成的等比例昆虫和小动物模型，比其他模型更逼真。在斐迪南二世的阿姆布拉斯宫中，有一个浅口盒子，里面就收藏了用此法制作的小昆虫和蜗牛，它们的头部和肢体都是另外安上去的。在摇晃盒子时，这些小动物会跟着动起来，仿佛是有生命的。

没有什么比赛普塔拉（Septalla）先生的收藏更值得一看的东西了，他是圣安布罗斯的牧师会成员，在基督教世界里，他的学识和美德广为流传。在众多藏品之中，他为我们展示了一块印第安木头，带有灵猫的香气；一块燧石或卵石，其中含有大量水分，清晰可见，如同玛瑙一样清透；各种各样的水晶，其中有流动的水分，还有一些植物、叶片或豪猪的鬃毛夹在其中；有许多昆虫的琥珀，还有用石绒编织的各种物品。

——约翰·伊夫林，米兰，1646 年

**对页** 文策尔·雅姆尼策的水罐，约 1570 年制作于纽伦堡。一个圆锥形螺壳构成其主体，镀银的底座是正在捕捉蜗牛的老鹰。老鹰的部分是雕刻的，蜗牛的部分则是用活生生的蜗牛浇筑而成。

**上图** 另一件直接由自然物浇筑而来的作品，一个老鹰的爪子构成了一个鹦鹉螺杯子的底座。16 世纪末产于德国。

**下图** 文策尔·雅姆尼策的一个文具盒。盒子四周以及盖子上的方格里布满用银浇筑的各种生物：香草、青草、蜥蜴、贝壳、蚂蚱和青蛙。这件作品是在 1570 年左右为斐迪南二世的阿姆布拉斯宫收藏定制的。

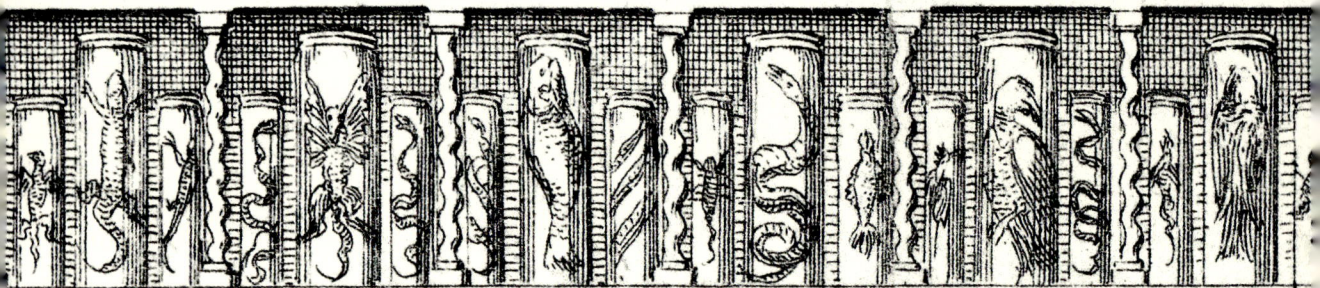

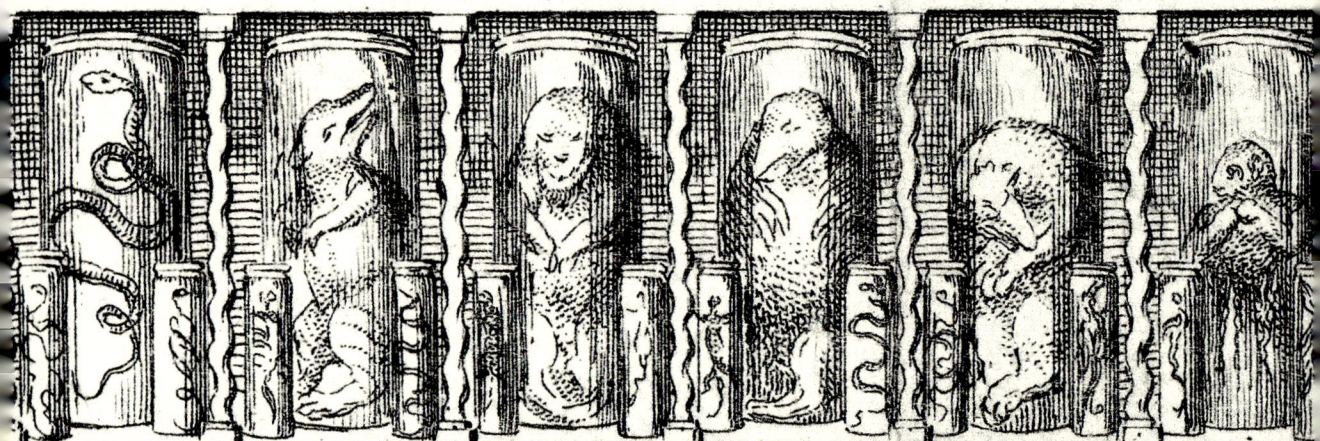

保存技术可以使得已死亡的生物看起来仍是活着的。

**左图** 列文·文森特的部分收藏图示，出版于 1706 年，展示了浸泡有青蛙、蛇，以及其他各种小动物的罐子。

**下图** 哈勒收藏中，一个保存在罐子里的鳄鱼胚胎。

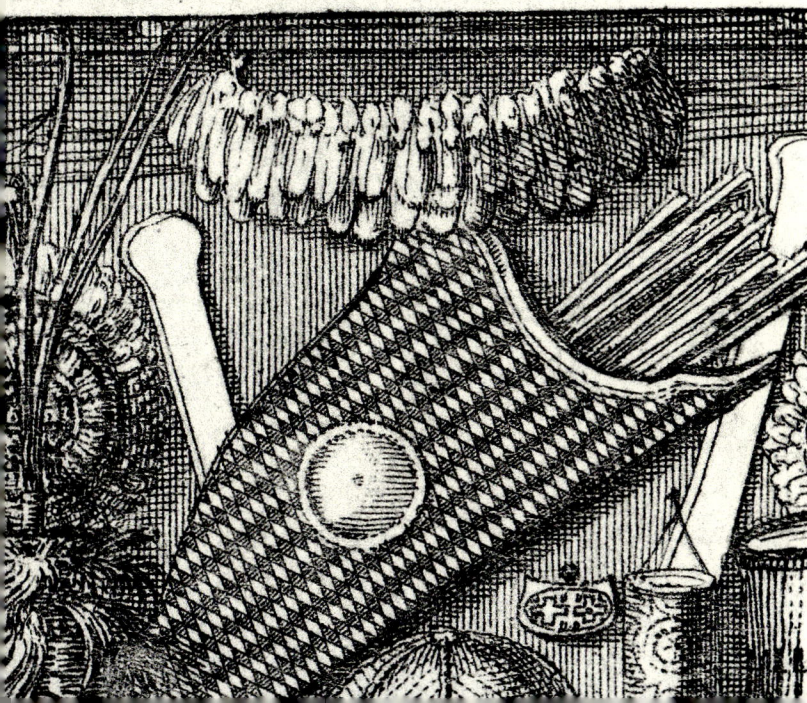

罐子中的青蛙（本页的背景图和对页图），来自弗里德里克·鲁谢（Frederik Ruysch）的珍奇柜。

## 被发明的生命

关于龙和美人鱼的神话可以追溯到古典时期。美人鱼半女人半鱼，诱惑男人走向厄运。早期的科学家们并没有可靠的方法能将事实与虚构区分开来，他们倾向于相信这些故事，如果缺乏证据，他们就会产生编造这些证据的冲动。

**上图** 塞韦罗·卡尔泽塔·达·拉文纳（Severo Calzetta da Ravenna）创作的青铜龙，约 1500 年。

**下图** 一副不太令人信服的美人鱼骨架，来自意大利的一个珍奇柜。

在相同的地方，还保存着各种类型的木乃伊，这一类珍奇品并不实用，也不缺乏独特的美感：它们之中有一些是白色的，另一些是黑色的，后者做了防腐处理，用布带缠绕，和人偶、小动物的图像以及宣扬迷信的装饰物放在一起。我在别处也曾见过这类珍奇物品，是近期从埃及的一座金字塔下挖掘出来的。

——夏尔·帕坦，穿越德国之旅，1690 年

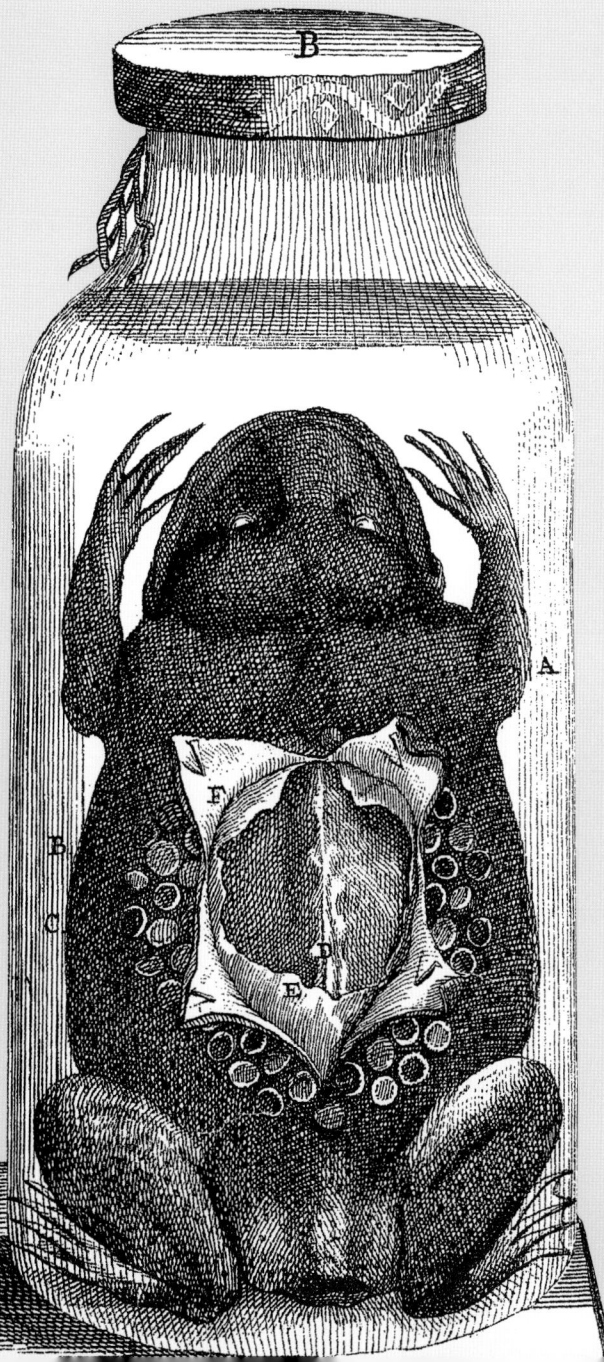

加以否定的人而言，正是该物体本质上的、在各种层面上的复杂性和唯一性，证明了一个收藏存在的合理性。然而，在这两种情况下，虽然所依据的价值观有所不同，但物品都被源自稀有性的单一基本属性所定义："奇观"或"奇迹"的化身和载体才是珍奇柜存在的基础。

## "奇迹" *Mirabilia*

1632 年 4 月 22 日，奥格斯堡镇向瑞典国王古斯塔夫二世（Gustav Adolphus）敬献了一个极为精美的珍奇柜，采用橡木和乌木制造，镶有大理石、玛瑙、珐琅和银，顶部装饰着水晶、珊瑚和贝壳，其中的藏品包括一幅错觉画、一只鹦鹉螺贝壳制成的水壶、一系列数学仪器、一个音乐发条装置和一个木乃伊化的猴爪。[10] 其藏品可谓五花八门，但这些物品仍然有一个共同的特征：每一件都是从自然中创造出的艺术品（比如镶嵌银制底座的鹦鹉螺贝壳），或者更确切地说，两者融合到了无法区分的地步，自然和艺术相互交融，加上绝对完美的品质，足以迷惑观众。这种超越，突破了两个互相独立的造物领域之间的对立，在观者的震惊与困惑中找到了它最本真的表达，这就是奇迹感的真正来源。

这些物品在两种秩序之间伪造了一种本不存在的联系，没有明显的目的性，同时由于其复杂程度而难以被证明；这些物品真正地拒绝被理解。它们在许多细微的顿悟中，为各种可以被分析和描述的关于神奇之物的习语，提供了直观的表现形式。其中一个最直接的形式，无疑是利用微缩和放大的效果使物体的尺度突然发生变化：以最直接的方式，破坏惯常的参照点、事物公认的尺度以及构成观众熟悉世界的所有因素。史前或神话中的生物和物体的遗迹，无论是真实的还是想象出来的，也包含在这个分类之中，包括巨人的足迹、巨大的绿宝石和象牙。在另一个极端中，许多珍奇收藏家对矮人情有独钟：在鲁道夫二世的藏品中，它们通过强烈的对

## 死亡的延长

**对页图** 生物在死亡后得到保存，因此亡者被再次赋予生命。这是巴洛克艺术的传统，并被吸收进珍奇柜的世界之中。解剖学家维萨里（Vesalius）将人体骨架摆成优雅的、沉思的姿势，仿佛在进行一些日常活动。他 1555 年出版的著作《人体的构造》（*De Humani Corporis Fabrica*）中有一幅版画，后来被保罗·雷切尔（Paul Reichel）复制，成为阿姆布拉斯宫收藏的"死亡警示"（memento mori）珍奇柜的一部分。这具白骨注视着一本书、一个沙漏、一套弓箭。

**背景图** 猎人形象的死神，汉斯·莱茵贝格尔（Hans Leinberger）的木刻版画，1520—1530 年。

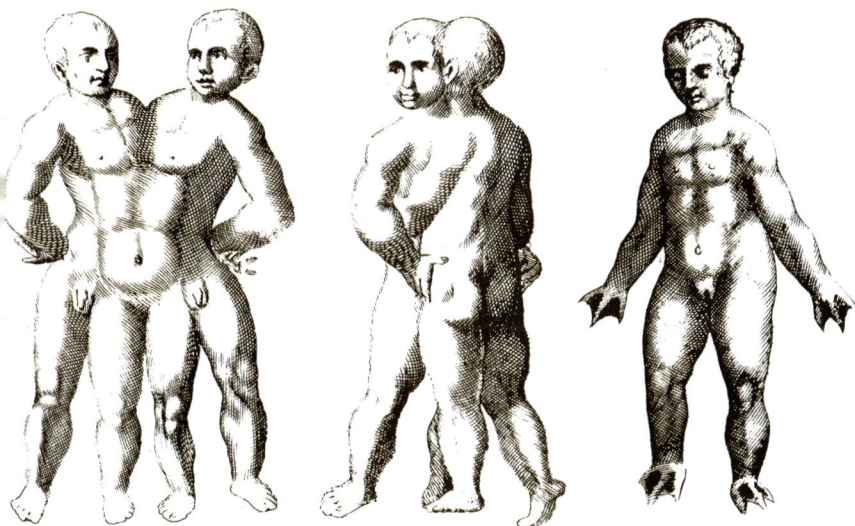

## 畸形的自然

民间传说和神话中的怪物，与实际生活中的怪胎相近，两者都是令人紧张不安的存在，有时无疑是带有病态之物。放在罐子中的脑积水婴儿标本（对页）是鲁谢博士藏品中的一件，他的收藏后来构成了彼得大帝（Peter the Great）在圣彼得堡的艺术屋的核心。连体双胞胎（上图），由福尔图尼奥·利切蒂（Fortunio Liceti）绘制，收录在他的《怪物大全》（*Monstrorum Cassis*）中，更令人震惊的例子出自乌利塞·阿尔德罗万迪（下图）。

> 虽然身处此处所有的珍奇物品之中，但让我颇感兴趣的是这里的结构——学校、剧院和毗邻的储藏室，自然珍奇物品在此被有序陈列，大到鲸鱼和大象的骨架，小到苍蝇和蜘蛛，共同组成了一幅精美的艺术作品。在种类繁多的物品之中，我还看到了刚刚从一个醉酒荷兰人的肠胃中取出的小刀，是在他身上划开一条切口之后取出来的，他在喝醉之后不小心把手里的刀掉进了肚子里。
>
> ——约翰·伊夫林，莱顿，1641 年

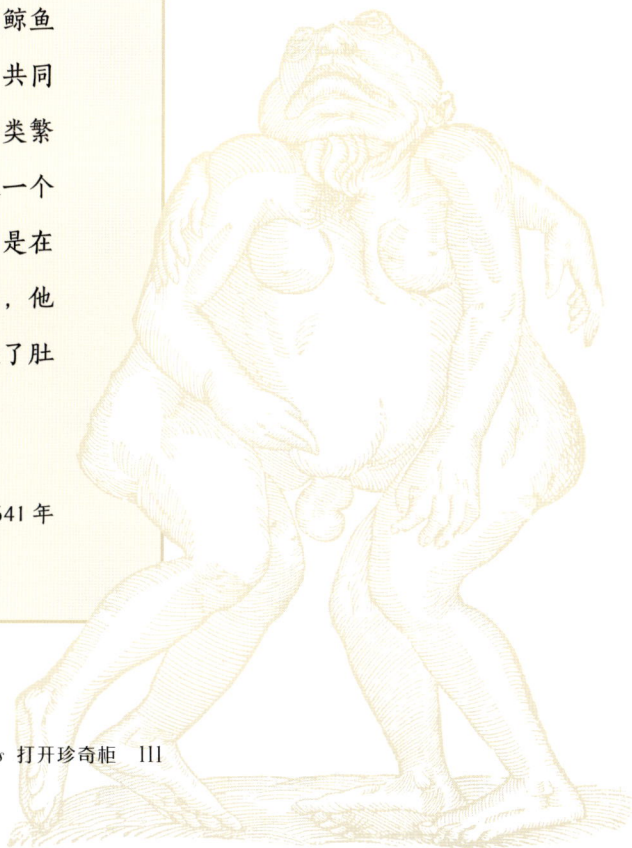

动物界的怪胎。

**上图** 利切蒂绘制的三头羊。

**右图** 巴尔托洛梅奥·宾比绘制的双头羊。宾比还会在他的画作中提供科学信息。

**后页** 《稀有物种合辑》中的版画，以及阿尔德罗万迪的《怪物的历史》。

o Febb.º 1720 ab In.ᵉ in Giouedì a tre
notte, in un podere della Prio.ia di S. Ange
presente Agnello bianco marauigliofo
ue Tefte, e due Colli con i fuoi Efofaghi,
l'interiora, che aueua tenendo due Polmo
due Milze, due Cuori, raddoppiati i
l'Inteftini, i quali andauano pò a termi
. Aueua due foli Lombi, et una fola

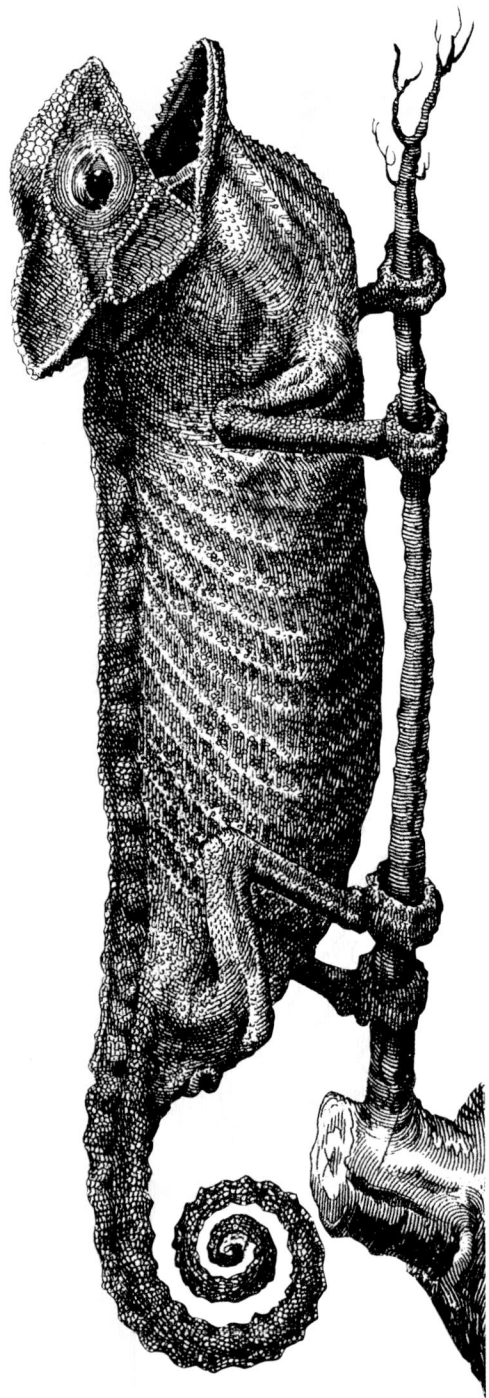

比为画廊增添了吸引力，在曼弗雷多·塞塔拉的"博物馆"中则充当了向导。它们也在某种程度上充当了展品，被认为是收藏品中的奇迹之一，并被记录在有关藏品的版画上而流芳后世：这是一个介于无生命物体和生命本身之间的奇迹。

在尺度差异和畸变的领域，微缩物品在任何珍奇收藏中都扮演着不可或缺的角色：它们为视觉世界提供了一个非常规视角，同时也始终是令人惊叹的复杂工艺绝技的产物。例如，阿姆布拉斯宫藏品中有一个只有44厘米长的木制文具箱，由众多塔楼和柱子的图案组成，效果逼真。象牙制品是这一品类的完美代表，其复杂的工艺和极小的尺寸都是无与伦比的。[11]1620年，黑森（Hesse）宫廷的一位艺术家用象牙雕刻了护卫舰，舰上的索具极为精致且容易损坏，以至于人们无法触摸它。这些天才之作，经历了尺度上的微缩，具有内向、自我封闭的特点，它们似乎包含着无限，并触碰到了可见之物的极限。因此，不管是九十六个可以依次嵌套的高脚杯，还是刻有一百个人头的樱桃核，抑或是藏在樱桃核里的二十四个小勺子[12]，当这些珍奇之物摆在我们面前时，我们都会被它们的神乎其技所震撼。每一个都比上一个更小，并可以套放成一组，这些微缩艺术中的技艺超凡之作，又一次展示了珍奇柜的主导原则：有关控制和封存、珍宝一个紧挨着一个的一般规则。

此外还有传统意义上符合珍奇柜严格要求的物品，比如独角兽角、牛黄、曼陀罗、天堂鸟、石化的木头和珊瑚树枝。最终现实本身似乎溶解成了虚夸的奇美拉（Chimaera，古希腊神话中狮头、羊身、蛇尾的吐火怪物），在荒诞的迷雾中盘旋，被"复杂、朦胧、奇妙、奢侈的品味所迷惑；对诡计和一切新奇多变的东西有强烈嗜好［……］倾向于无度和炫耀；宣告了视觉相对于其他感官的至高无上的地位"。[13]

如我们所见，将相距最遥远或来自两个相反极端的现实事物并置，是最佳的修辞手法。它在其他真正

在研究野兽的本性时，必须遵循这条规则：我们应该毫不畏惧和害羞地考虑它们，因为大自然的运作处处都是极诚实和极美丽的，其中没有任何考虑不周或没有真正目的之事，所有事情都经过深思熟虑，或是具有某个确定的目的，而且这个目的总是既善良又诚实的。但是，如果有人野蛮到认为野兽和其他动物不能给他提供任何值得深思的课题，那就让他也如此考虑他自己吧；在血液、皮肤、骨骼、血管之类的东西中，有什么卑鄙可耻之处呢？人的身体不也是由它们组成的吗？如此说来，你认为自己是多么可憎，以至于你不去思量那些与你如此相似的动物？

——康拉德·格斯纳，1551 年

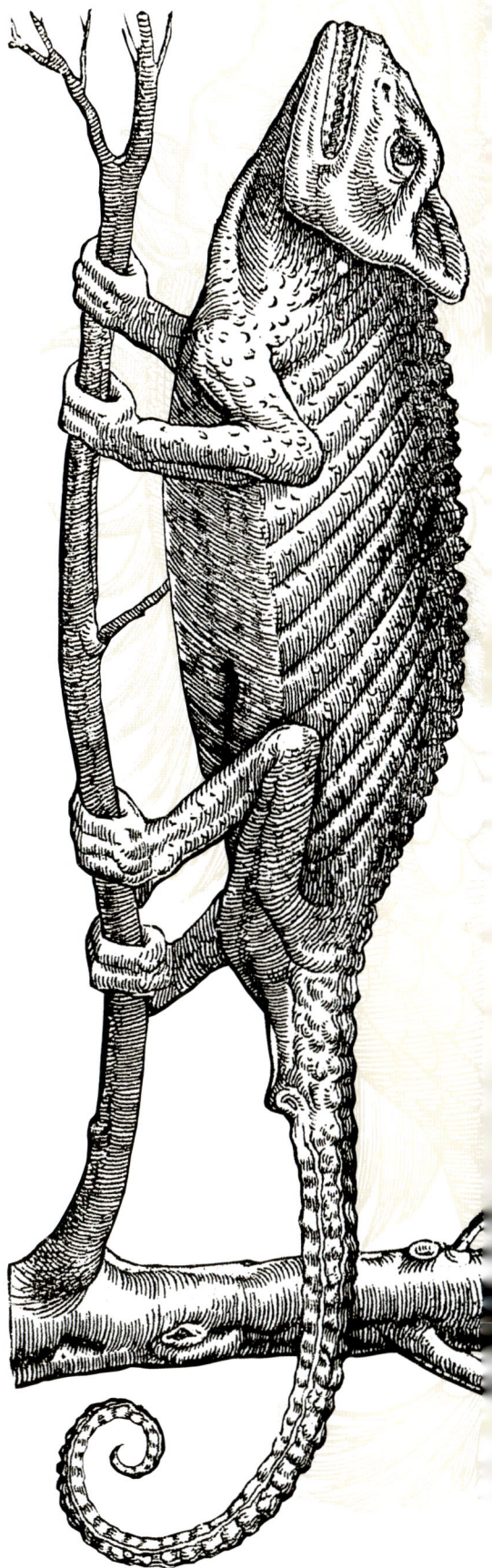

## 自动机械装置

自动机械装置是一种没有生命却会活动的存在。如同我们之前涉猎的一些物品，它被归到了一个有些矛盾的门类之中，似乎介于生命与死亡之间。在今天看来很简单的发条玩具，在当时是有可能引起深刻的哲学思考的。

**下图** 16 世纪德国制造的自动机械装置，海神尼普顿（Neptune）坐在一只海龟上，两个部分都可以活动。

**对页** "被捆绑的奴隶"，可能是曼弗雷多·塞塔拉本人制作的（见第 158页）。其中的机械装置会被毫无防备的参观者触发，它的头部会发出威胁的尖叫（类似于一些巴洛克花园中使用的恶作剧装置），并配有动作。木制的身体和面部，反映出明显的风格差异，前者是由经典的原型翻模而来，后者则追随了一种更怪异但受欢迎的传统。

堪称奇妙的品类中找到了自己的对应之物，包括树干上长出的鹿角（1563 年斐迪南为阿姆布拉斯宫购置）[14]，或阿尔德罗万迪收藏的一块大理石匾上偶然呈现出的猫的轮廓。[15] 合成物再次成为最基本的奇迹来源之一，原因很简单：它们挑战了公认的分类系统和可见世界的局限性，从而破坏了现实的根基。

## 自动机械装置 *Automata*

我们从珍奇崇拜的历史中梳理出两条线索：其一是艺术与自然的结合，或是艺术对于自然的"再创造"；其二便是对非凡超绝之物的崇拜，伴随着颠覆既定规范的力量，令旁观者感到惊讶，由此创造奇观。现在，我们可以再添上第三条，或者更确切地说，再增添另一对相互对立的概念。

其他最有可能在珍奇柜中找到一席之地的物品，包括蜡像、干燥或压制处理的植物、填充动物标本和自动机械装置：虽然还是有关挑战边界或"杂交"的例子，但这些物品至少有一个共同的属性——"比生命更真实"，它们所处的世界与生命的表象、幻想的王国和幻术师的把戏仅有一线之隔。它们在没有生命的地方假装生命，似乎标榜着生命战胜了死亡；它们抗拒被归类进任何一个阵营，并在一个奇幻但仍然是有形的世界里，坚守着延长的甚至永恒的生命承诺。

类似的观点或多或少地隐含在封闭的传统中，也就是为大多数珍奇

柜提供灵感的相关系统中。在艺术和自然形式之间的对话和类比游戏背后，有一个更大的主题，即所有的事物都统一在一个单一的整体或宇宙中，每一个元素都可以在另一个元素中找到回声。微观世界与宏观世界、高与低、有生命与无生命、生与死全部找到了自己的映像，并在这种普遍的回应中得以完整。因此收藏家好像巫师或炼金术士一样，掌握或操纵着现实世界中此消彼长的暗涌之力：不论是恒星的光环，还是一具看起来并无生命的肉体的能量，或是护身符和占星术蕴含的力量、植物以及矿物质的灵光。收藏家距离巫术的国度从不遥远，他在他的私人珍奇剧场里，通过起死回生或是把活物推向死亡，来召集这些神秘的力量。从木乃伊化的肢体到珊瑚树枝，从美杜莎神话中凝结的血液到动物标本，从头骨到其他骨头组成的藏骸所，在珍奇崇拜中占据中心地位的这些物品所蕴含的死亡之意，不仅仅是这一神秘主题最浅层的表现，也是最病态和迷人的。

这种生与死之间的辩证法，对死亡的迷恋所造成的审美变异，在更深层次上重现，影响了藏品的组织结构。事实上，这一点对于"珍奇柜"暗含的主题至关重要：因为任何收藏的目的都是阻止时间的流逝，冻结不可避免的生命或历史进程，通过建立一个有限的、可以被全部收集的系列，用碎片化的、可控制的、闭环的时间框架取而代之。这个时间框架服从于事物的一般秩序，在一片无意义的海洋中勾画了一个感官的岛屿。当所有的收藏都在关注"消失"和"幸存"之间的辩证关系时，珍奇柜将这种迷恋提升到了更高、更严格的水平。它们不仅把那些逃脱了时间的考验幸存下来的物品（这正是奇迹之所在）聚集在一起，还把混杂的、边缘化的物品（悬浮在艺术与自然、死亡与生命之间）聚集在一起，从而赋予其新的价值、力量和意义。就像

**对页** 钟表，以骑在半人马上的狄安娜（Diana）为造型。梅尔希奥·迈尔（Melchior Maier）1605 年左右制造于奥格斯堡，材料为银、珐琅、宝石和木头。半人马，其眼睛可以转动，可以发射弓箭。狄安娜和她的一只狗的头部可以活动，另一只狗可以张嘴。

**下图** 阿姆布拉斯宫收藏中的一件音乐贡多拉，大约制作于1600年。它可以通过下方的轮子移动，方向由后端的船夫掌握。手拿鲁特琴的女子可以唱歌，旁边男子的胳膊可以活动。

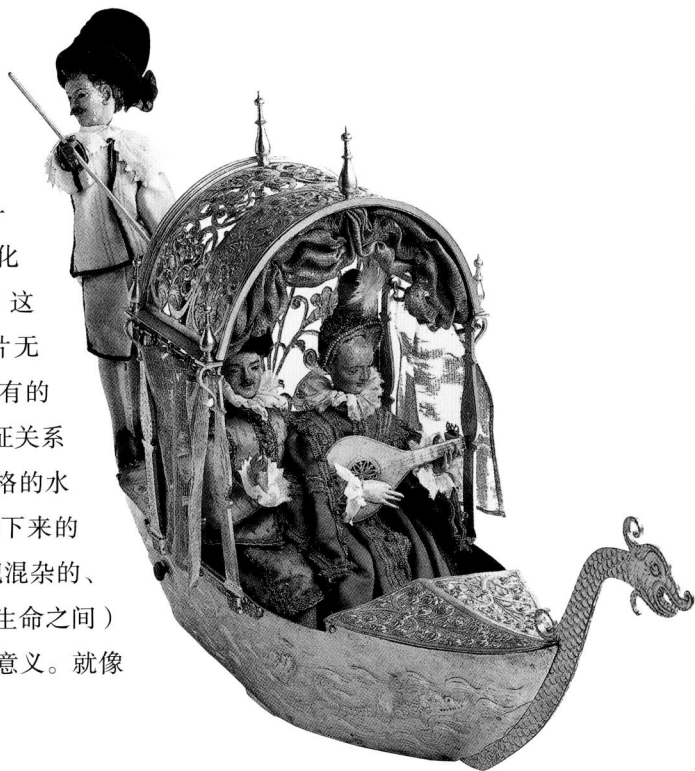

收藏在哥本哈根的两座钟表，拥有精巧的装饰装置，都是由斯特拉斯堡的约西亚斯·哈布雷希特（Josias Habrecht）制作的。其中天体钟表（左）制作于1594年，浑天仪钟表（右）制作于1572年。四个表面分别记录一小时、一刻钟、纬度以及星期。据说这两座钟表后来被天文学家第谷·布拉赫（Tycho Brahe）购买。

## 象牙制品的奇技

16世纪至17世纪的手工艺者们利用象牙创造出的杰作，其精美绝伦的程度至今仍让我们叹为观止。大多数珍奇柜中都收藏着这种创造力的奇迹，其中德累斯顿收藏有两百件以上，包括图中展示的四件（见对页）。本页所展示的一件产自佛罗伦萨。创作这种作品的野心，来自在一个形体中雕刻出另一个形体，在另一个形体中继续雕刻出新的形体，如此循环往复，直到无以复加。鲁道夫二世本人也曾研习此法。

**背景图** 出自文策尔·雅姆尼策《透视标准体》（*Perspectiva Corporum Regularium*），1568年。

由于时人对透视和几何学的痴迷，象牙雕刻也因此更加受到追捧。本页的珍奇柜，制作于 16 世纪末的德国南部，直接源于文艺复兴时期的透视研究，比如丢勒的研究。1568 年，文策尔·雅姆尼策出版了《透视标准体》一书，赠予国王马克西米利安（Maximilian）。该珍奇柜在开启柜门的时候，可见多面体的全景，包含各种不同颜色的木头镶花。

**背景图**　出自雅姆尼策《透视标准体》，1568 年。

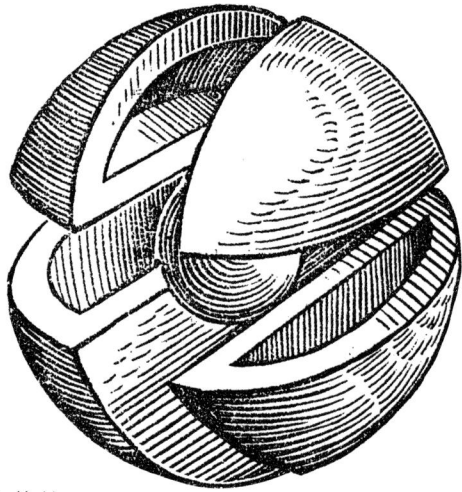

埃德加·爱伦·坡（Edgar Allan Poe）故事中的英雄一样，珍奇柜中的物品似乎在生与死之间永无休止地摇摆不定，在死亡中重获生命，并在生死之间占据了一块永恒的无人之境。

一位荷兰静物画家在他的签名旁边写道："大自然令人目瞪口呆（拉丁语原文 Natura stupet）。"[16] 奇迹的世界超越于我们的世界之上，在那里所有传统的功能主义或实用性观念都会失效。奇迹凭借其挑战观众目光和质疑公认真理的能力，在珍奇崇拜的历史中扮演了至关重要的角色，这段历史本身就称得上是一部颠覆价值观的编年史。[17] 这股积极的力量是培根、霍布斯和笛卡尔所提倡的，能够激励人们对现实的基础、艺术与自然的关系以及认知心理学进行探索。然而，到了 17 世纪末，人们不再用近乎恐惧的尊重来看待奇迹，取而代之的是一种蔑视幼稚信仰的傲慢态度："奇迹不再受到带有敬畏和恐惧色彩的尊崇，它转变成一种低下、自以为是的取乐形式。"现在奇迹只不过是一种盲目的、轻信幻觉的形式，珍奇崇拜又一次从"高级"文化的行列和科学研究的边缘被降格到了低级文化中，在那里，骗术和唯美主义相遇了。

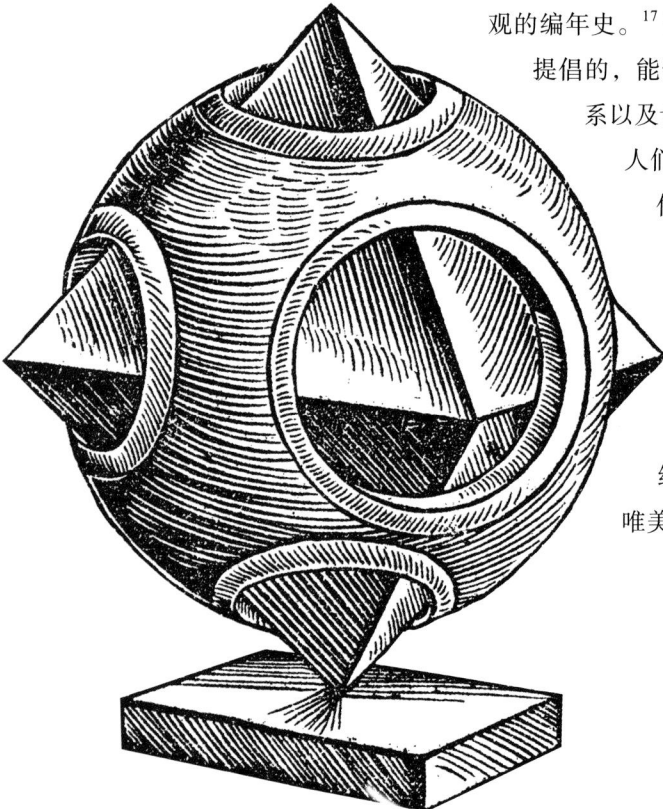

皇帝鲁道夫二世是一个石头收藏爱好者，这不仅是为了增加他的尊贵和威严，更因为这些收藏使人想到上帝造物的神奇，他用不可言喻的神力将整个世界的美丽凝聚在这些罕见的石头中，并赋予它们和其他造物一样的力量。

——安塞尔姆·伯蒂乌斯·德·博特
（Anselmus de Boodt）
《宝石和岩石的历史》
（*Gemmarum et Lapidum Historia*），1609 年

……赋予不同的天体或多或少的光明和美丽；使野兽和鸟类之间产生了差异；创造了鹰和蝇、雪松和灌木；在创造石头时，把最美丽的色泽赋予红宝石，最耀眼的光芒赋予钻石……

——沃尔特·雷利（Walter Raleigh）爵士
《世界历史》（*History of the World*），1614 年

# III

# 收藏家：
# "老顽童"

## THE COLLECTOR: 'SENEX PUERILIS'

珍奇收藏家可能出身贵族，财力雄厚，足以支持他们购买任何东西；也可能是商人，他们的收藏通常具有更强的专门性；还有可能是不那么富有的知识分子，他们会专注于某一特定领域的研究。

"收藏家"有可能被定义为一种心理类型，即对事物的完整性有狂热追求的人。在某种意义上，他们通过把事物从时间的洪流之中抽离出来，从而"掌控"了现实。这样的行为一直被认为是"孩子气"的，尽管收藏家们常常受到良好教育并且在智力上高度成熟，也正因如此，收藏家被描述为"老顽童"（拉丁语原文 Senex Puerilis，直译为"幼稚的老人"）。

皇帝鲁道夫二世，号称收藏家之王，他的故事在之后的篇幅中有更详细的介绍（见第 164—173 页）。这幅由他最喜爱的画家朱塞佩·阿尔钦博托所作的非同寻常的肖像画，将他描绘成植物和春天之神维尔图努斯（Vertumnus）。像阿尔钦博托的所有作品一样，这幅画也是以寓言的形式创作的。

## 蒂罗尔的斐迪南

**前页** 奥地利因斯布鲁克附近的阿姆布拉斯宫，是斐迪南的属地，他是查理五世的兄弟，鲁道夫的叔叔。他在很多方面都堪称皇家收藏的先驱者，他的珍奇藏品在整个欧洲负有盛名。他本人对自然奇观、艺术品、奇珍异兽和人类的怪胎都有深厚的兴趣。

梅里安（Merian）创作于 1648 年的这幅版画，是已知最早的记录当时情形的作品：斐迪南和他的妻子菲利皮内·韦尔瑟（Philippine Welser）的肖像被置于画面中，中世纪城堡占据了山岗。他的"艺术屋"位于低处庭院中的一座建筑里。

**右图** 房间上空悬挂着鲨鱼的标本。近景中，鹿角从一节树干中生长出来。墙面上，一幅真人大小的绘画描绘了巨人乔凡尼·博纳（Giovanni Bona）和一个侏儒。17 世纪 90 年代，法国参观者夏尔·帕坦写道："在其中一个展厅的尽头，我看见了巨人和侏儒的画像，画中人居住在维也纳。两个人的身材差异如此巨大，的确令人震撼。"

**对页** 1570 年，斐迪南委托建造了阿姆布拉斯宫中的西班牙礼堂。这是阿尔卑斯山以北地区最早的文艺复兴式礼堂之一。

在"三十年战争"（The Thirty Years War）之前的半个世纪里，最有名气的珍奇柜都集中在日耳曼国家。值得注意的是，这一时期竞相争夺宝物的收藏界巨子们，绝大多数都有密切的血缘关系。蒂罗尔大公斐迪南二世（1529—1595 年），是巴伐利亚的阿尔布雷希特五世的内弟，斐迪南二世在因斯布鲁克附近的阿姆布拉斯宫创造的"艺术屋"，今天被认为是所有"艺术屋"的原型。在这里，上千件物品被有序地分类，摆放在大约二十个镶有玻璃的大柜子里，这些柜子分为不同的颜色，代表它们所容纳的不同物品：金银

器、宝石、乐器和科学仪器、青铜器、木雕、瓷器、手稿、硬币、奖章和民族志研究珍品。"艺术屋"的一个房间专门存放古代武器和土耳其战利品，另一个是图书馆，第三个是古物馆：墙上挂满了画，天花板上悬挂着一些来自自然界的珍品，比如鱼类和鲨鱼标本。尽管此地从未面向所有公众开放，但从一开始就计划开放给选定的参观者。

收藏家受到且仅受一条规则的支配，即追求唯一、独特和非凡的东西，正如瓦尔特·本雅明（Walter Benjamin）所说，他们被一种独特的激情所驱使，那就是"保护自己不受集体经验之抽象本质的影响"。[18]首先也是最重要的，就是必须将那些迷失在现实的混沌中、身处流通与交换中的物体，从无穷的变化中解脱出来，并隔绝在使用和交换之外。这个过程没有任何理智的参与，也不具有一般意义，相反，它在很大程度上是物理意义上的，甚至是肉体意义上的。本雅明接着说道，对于藏书家而言，书作为物品的意义，只有在某个特定房间的某个特定位置，通过触摸、爱抚、修理，才能真正被体验到。与之相似的是，在珍奇崇拜中，一件物品的稀有性，最初只是在虚拟的时间里被简要描绘出来，只有当它被放在这个或那个抽屉里，放在这个架子或那个隐蔽的壁橱里时，才具有真正的意义，或者说获得了它的真实性。比藏书家的例子更清晰的是，珍奇收藏家（他们也可以算是半个藏书家）经历了婴儿认知事物的全过程，从把藏品拿在手里，到最终为它命名。由此诞生了一个新的视角，去看待支架、护套、匣子或画框，以及"艺术库房"和相互连接的空间的美学意义，正如上文所描述的那样。在本雅明看来，这一切都是这些获取或占有方式的不同步骤或程度。这些方式在他的观念里是非常重要的，它们扩展和放大了人们对获取每一件具体物品的日期、地点、尺寸、起源和历史的热情，这为收藏家提供了制作目录所需的所有信息。

**上图**　一件奇怪的乐器，斐迪南二世收藏于阿姆布拉斯宫。

**对页**　克里斯托夫·甘特纳（Christoph Gandtner）制作的一件锡釉陶器，塑造了一个手持丰饶角、坐在刺猬上的裸体女人形象，刺猬（在斐迪南二世宫廷的复杂逻辑体系中）象征着"愤怒"或"放肆"。

对于收藏家来说，获得一件藏品，"相当于给予它新的生命"：藏品的"历史"身份，关于其出处和流传过程的真假参半的信息，在它身上留下的印记，随着新主人的到来而被新的状态所取代，或者从根本上被重新定义。它在收藏家的眼皮子底下被单独挑选出来，加以保护，赋予新生，在收藏家的帮助下逃脱了它迄今为止的命运，从衰败和死亡这一不可避免的过程中解脱了出来。这是对一个反复出现的主题——生命与死亡以及生命如何战胜死亡——的又一次表现。如本雅明所总结，收藏家"孩子气的行为方式"，正是在这宏大的幻觉中，随着每一件新的藏品到来而被强化或重新表现出来：收藏家是自己创造出来的幻觉的囚徒，他为珍奇柜的永恒存在而感到自豪，同时又被它转瞬即逝的本质深深困扰。

这种"孩子气的行为"与另一个看似矛盾的元素是分不开的：本雅明借用了"老顽童"这一概念，并描述其与"年长者的思考方式"之间千丝万缕的联系。年长者格外关注自身物品的年代和谱系，无论是自然的还是人造的物品。古代的遗迹，其他时代和哲学留下的多义性体系，拼图的一块，永不停歇的复现与类比游戏之中的临时玩具：正如我们从中所看到的，物品的本质是对一个古老思想体系的体现。伊莱亚斯·阿什莫尔花了很多年的时间，在牛津市中心建造了他的"方舟"收藏，他坚信"大自然的许多秘密在远古时代就已经被泄露了，因此通过对古代传统的仔细研究，便有可能再次获得这些秘密。"[19] 这种有关潜在连续性的观念——即从过去到现在流传着有规律且不间断的编码信息，对于阿什莫尔的"神秘且等级分明的"社会观是至关重要的。这也是一种陈腐过时的观念，使他对英国内战（The English Civil War）的大动荡毫无准备，在这场战争中，他被"当时肆无忌惮的野蛮行径"所震惊，毫不意外地拥护保皇党的事业。正如迈克尔·亨特（Michael Hunter）所解释的那样，

后页　斐迪南二世定制的跛脚侏儒画像，画中人的头部和正常人无异，打扮入时，身体却严重发育不良。帕坦并未被这样的珍奇物品吸引（这一点想必能代表很多参观者的心态），他说"看到它们我不能不感到恐惧"。

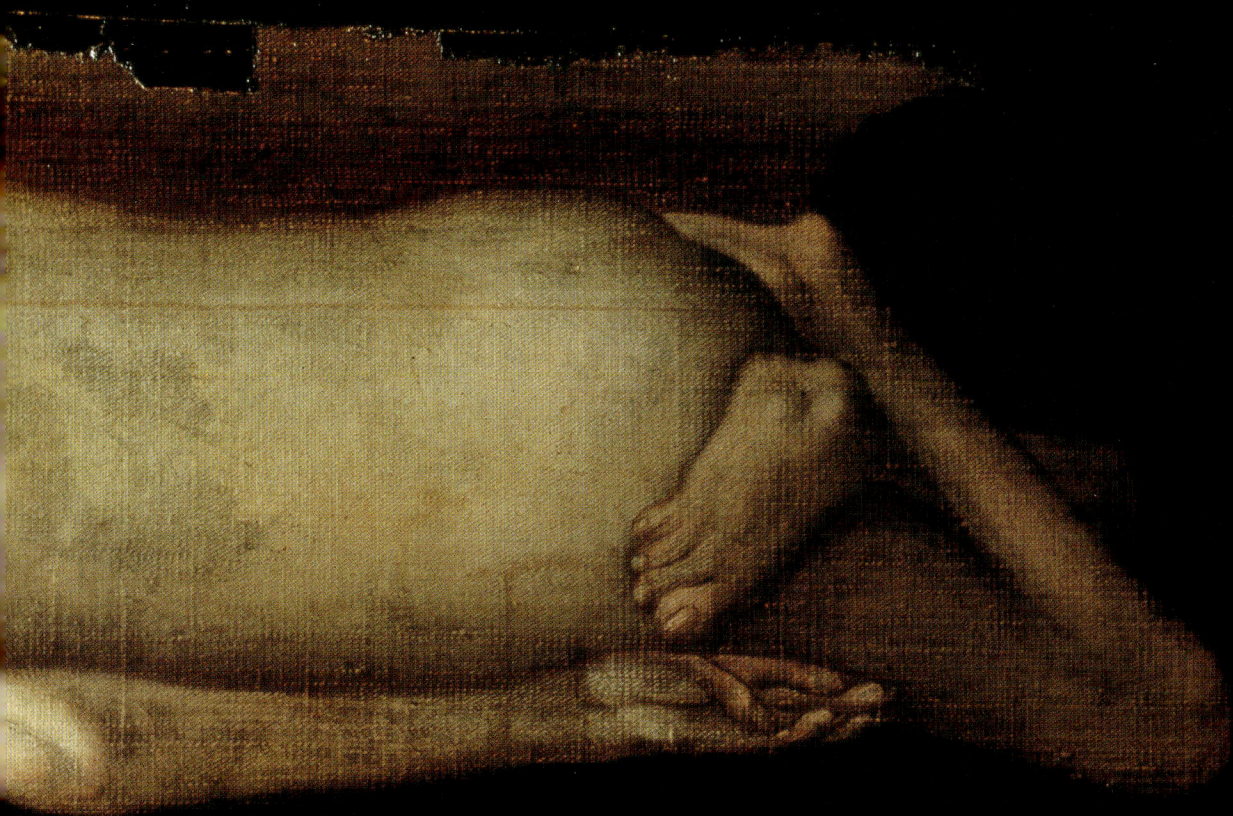

右图 在阿姆布拉斯宫附近有这样一户人家，家中的所有人，无论男女老少，都因为某种遗传问题而浑身长满毛发，他们被称为"猫人"。斐迪南二世很高兴能拥有他们的肖像画。

对页 夏尔·帕坦在 1690 年参观阿姆布拉斯宫时写道："我特别关注了一位匈牙利贵族的肖像画，不是因为画稿的精湛描绘，而是因为它所展示的神迹，即此人在被一根长矛刺入眼睛，穿透大脑物质甚至是后脑部分之后，依然没有丧命。这是大自然的一个秘密，完全把我们蒙在鼓里，证明我们所有的推断都是错的。"

Tradescant Iun:r & his
wepsa of Lumbeth.

## 特雷德斯坎特和阿什莫尔

在英国，关于"自然物"的收藏开始于约翰·特雷德斯坎特，他是一名园丁，服务于查理一世时期最显赫的贵族圈子。在17世纪早期，他在欧洲和北非旅行，收集各种植物，并将很多新的品种带回了英国。他在伦敦南部的兰贝斯（Lambeth）建立了一个"药用植物园"。1625年左右，他的儿子（也叫约翰）开始与他共同经营研究和收藏事业。他最远到过弗吉尼亚，为植物园寻找新的品种。特雷德斯坎特的藏品也包括贝壳、矿物等自然界的珍奇物品，他们的整个收藏叫作"方舟"。这个收藏的一部分，作为背景出现在这幅双人肖像画中，画面左边的人物是小特雷德斯坎特，他的身旁是一位兰贝斯的邻居，酿酒师罗杰·弗兰德（Roger Friend）。画作由埃马努埃尔·德·克里茨（Emanuel de Critz）绘制。

小约翰·特雷德斯坎特将"方舟"留给了另一个英国收藏家，伊莱亚斯·阿什莫尔（右图），后来他又将该收藏捐献给牛津大学，并成为阿什莫林博物馆（Ashmolean Museum）的核心藏品。"方舟"收藏中不仅有植物标本，还包括贝壳、鸟类标本、艺术品（象牙制品和绘画）、来自遥远国度的手工制品（佛陀和美洲印第安人服饰），以及亨利八世的猎鹰手套。

**对页** 老约翰·特雷德斯坎特的画像，被置于园艺风格的画框中，由科尼利厄斯·德·尼芙（Cornelius de Neve）绘制。

"这种被冒犯的感觉，证明了君主制所象征的文化连续性对于阿什莫尔来说非常重要，这也是对 17 世纪中期剧变的反应。"阿什莫尔充满折中主义意味的藏品，都是他通过奇妙的偶然发现收集起来的。为"真正的学者"［比如罗伯特·胡克（Robert Hooke）］提供灵感，才是收藏的意义所在。但是就根本而言，阿什莫尔的收藏建立在错误的前提下，因此除了强调珍奇收藏的美学本质之外，它显得非常随意而漫无目的，有一种"终结"的意味。

虽然英国王室没有珍奇收藏的传统，但是著名园艺师和植物学家约翰·特雷德斯坎特（1577—1638 年）的收藏，

Sr John      Tradescant Senr

PHILIPPE.LE.LONG

LOUIS. HU

INNOCENT

LE CHATEAV.S. GERMA EN.PAR.M. LE DAVPHIN.

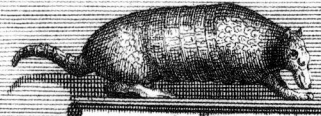

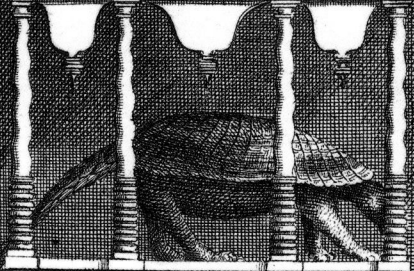

还是迅速发展成为
欧洲最重要的私
人收藏之一，他
在生命的最后几年里
建立了一家珍奇
博物馆，并面向
公众开放。他的
儿子和阿什莫尔

## 克劳德·杜·莫利内

克劳德·杜·莫利内（Claude Du Molinet）神父，是巴黎圣热纳维耶芙（St Genevieve）修道院的图书管理员。大约在1675年，他在那里创立了"一个珍奇柜，收藏各种珍稀物品，用于文学、科学、历史、自然、古代和现代研究"。收藏的具体内容可以从他去世之后（他死于1687年）出版的一本图录中了解到，该图录描绘了珍奇柜的整体样貌，以及其中的藏品。

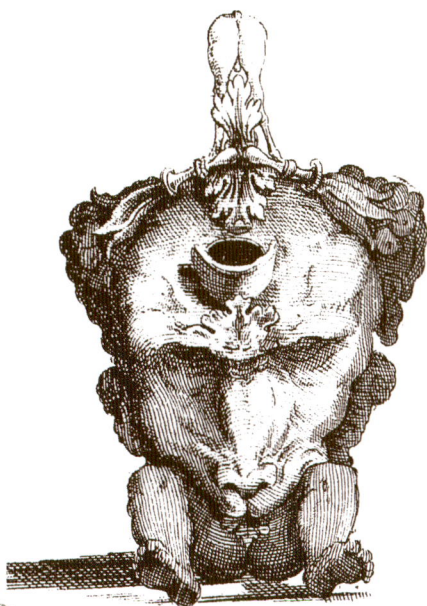

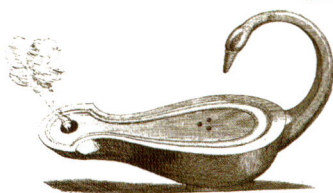

（1617—1692年）合作完善了藏品目录，阿什莫尔继承并用自己的藏品扩展了这个收藏，之后将它作为礼物赠予牛津大学。为了安置它，牛津大学花费巨资建造了一座特殊的建筑，于1683年举行落成仪式，冠以阿什莫林博物馆之名。与此同时，在法国，与老约翰·特雷德斯坎特几乎同时代的尼古拉-克劳德·佩雷西克（Nicolas-Claude Peireisc，1580—1637年），拥有这片土地上最上乘的奖章收藏，以及著名的动植物学藏品。

约翰·奥布里（John Aubrey，1626—1697年）是一位古文物研究者，他创作的关于珍奇文化的作品无人能及，但他自己的收藏仅存在于文献记载中。莱顿·斯特拉奇（Lytton Strachey）这样描述他："他在一个迅速过时的思想系统中打转，而这些思想只要我们的文明持续下去，就永远不会再次出现。"[20] "蛆虫脑袋"奥布里（他的自称）与约翰·伊夫林（John Evelyn，1620—1706年）及托马斯·布朗爵士（Sir Thomas Browne，1605—1682年）有着相同的世界观。约翰·伊夫林是一位永不满足的收藏家、旅行者和历史学家，拥有百科全书般的广博学识。托马斯·布朗爵士则是一位医生和成就斐然的散文家。布朗拥有自己的花园、图书室和珍奇柜，吸引了众多参观者，他也是英语世界中最有力的散文家之一，"对自然之书中的反常现象"非常热衷［出自《世俗谬论》（*Pseudodoxia Epidemica*），III，15］。但他也同样坚信，世界是一个伟大的隐喻，一个以类比机制

ANTIQVITATIS MEMORIAM FE

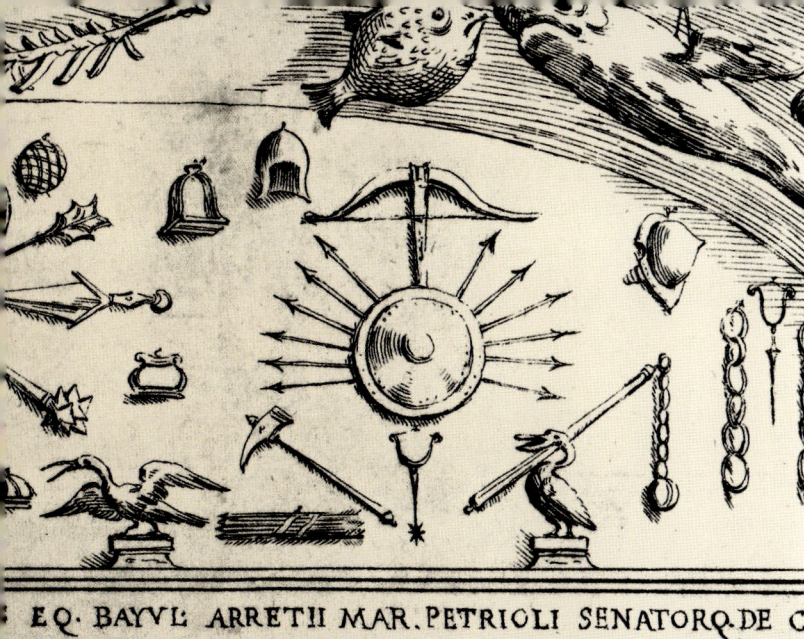

EQ. BAYVL. ARRETII MAR. PETRIOLI SENATORQ. DE C

## 阿尔德罗万迪和科斯皮

费迪南多·科斯皮（对页）服务于美第奇家族。他从 16 世纪末便开始收藏活动，当时他还很年轻。他的藏品包括罗马和伊特鲁里亚古董，以及埃及和墨西哥的神像等。1605 年，他购买了乌利塞·阿尔德罗万迪的收藏，后者是博洛尼亚大学的博物学教授。该收藏包含极丰富的植物藏品，还有数千张高精度的绘图。本页的猴子（上图）就是其中之一。

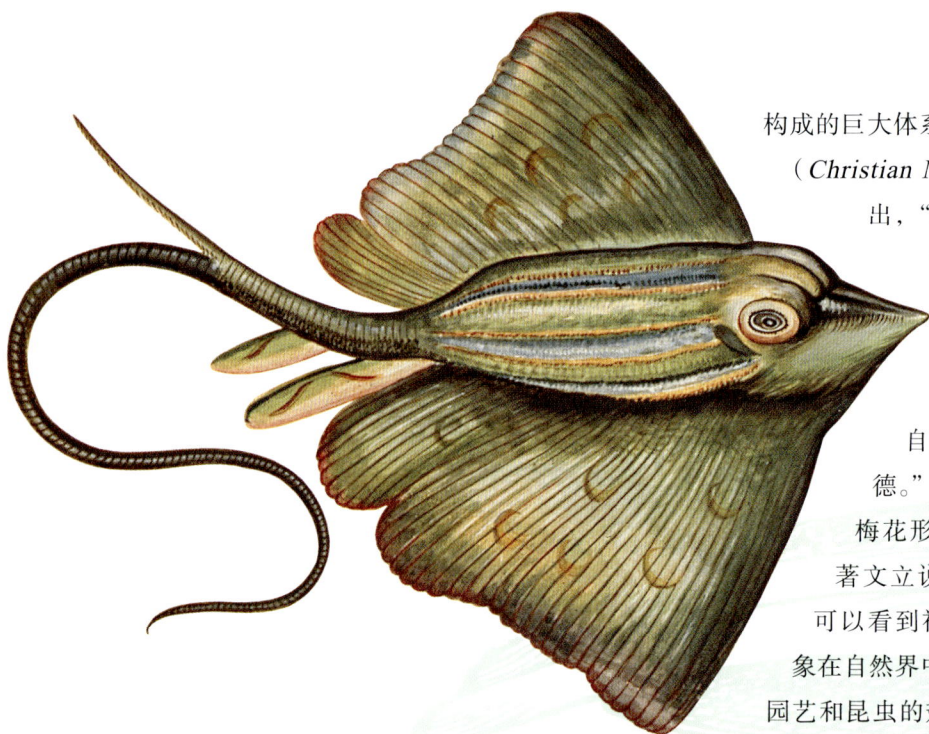

构成的巨大体系。他在《基督教道德》（*Christian Morals*，III，10）中指出，"对于深思熟虑的观察者而言，整个世界就是一个放满神圣经文和护符的匣子，我们所看到的一切都来自上帝的智慧、力量和美德。"因此，他能够就五点梅花形几何图案（quincunx）著文立说，因为他相信在其中可以看到神圣的形象，这样的形象在自然界中随处可见，例如血管、园艺和昆虫的翅膀，更不用说菠萝的外皮了。他在《医生的宗教》（*Religio Medici*，I，15）中总结道："大自然创造万物皆有目的。"

托马斯·布朗爵士还著有《尘封的博物馆，或秘密的图书馆》（*Musaeum clausm，sive Blibliotheca absondita*），可以被视为文学意义上的珍奇柜，这一点体现在其副标题中："包含各种非凡的书籍、古董、图片和珍稀物品，时人很少或从来没有见过"。

和布朗身份相仿但要早半个世纪的第一批珍奇收藏家，主要是内科医生、药剂师、外科医生或药商。在 16 世纪下半叶的意大利，博洛尼亚、那不勒斯和维罗纳的收藏家们对编目和分类充满热情，并且痴迷于对自然进行细致描述和精确理解。然而，他们（也像布朗一样）似乎并不十分情愿地背弃了迷信和"世俗谬见"，又迫不及待地对壮观、怪异和奇特之物表示喜爱。在我们看来，恰恰就是这种介于科学的雄心和审美的怀旧之间的矛盾心理（存在于真实的经历而非有意识的辩论中），这种本质上的含混——在追求一种辨别方法的同时又不断地跌入想象的世界，以及这个界面（在这

阿尔德罗万迪的收藏图录中，有一册是专门研究鱼类的。他对于中世纪动物寓言集中的民间传说照单全收，布封说他"容易轻信"。关于虹鱼，他写道："它们会使用毒刺伤害任何试图抓住它们的人。它们喜欢音乐、舞蹈和俏皮话。"

**背景图** 木版画，出自阿尔德罗万迪《怪物的历史》，1642 年。

里启用一个最不合时宜的现代术语），构成了在想象中进行
"严格尝试"的全部价值或信念。这是一个摇摆不定的旅程，
通过几个著名收藏家的短暂人生得到了最淋漓尽致的表现。

在这一时期，欧洲皇室收藏的版图被另一个体系所遮
蔽，该体系由出身商人阶层的学者和行家的丰富藏品组成，
规模可观。此时我们会再次发现，将欧洲分为南北两部分的
常见做法，掩盖了一个更复杂也更微妙的事实，一种超越国
家边界的国际语言和交流体系，正如奎切伯格在 1565 年的
著名论著中再次证明的那样。这本简单实用的指南，适用于
所有希望效仿王室榜样进行珍奇收藏的人，其中还详细描述
了私人收藏在德国境内和境外的分布情况。在出版该著作之
前，奎切伯格曾游历各地，尤其是意大利，他在此参观了几
乎所有具有国际影响力的私人收藏。在他的作品中，有整整
一章的篇幅，用于记录学者和行家的私人收藏，其中许多人
也是他的朋友，这一章题为"给读者的范例"（Exempla ad
lectorem）。

在这些杰出的收藏家中，无论是论资排辈还是在藏品的
质量上，最重要的人物便是意大利人乌利塞·阿尔德罗万迪
（1522—1605 年）。他在博洛尼亚建立了一个"博物馆"，供
学者自由出入。这是百科全书式珍奇柜的典范，为观察和分
类工作提供了条件。16 世纪各国许多伟大的收藏
家，都创建过类似的场所。尽管数
量太多，无法在这里完整地列出，
但可以举出意大利早期的一些例
子：安东尼奥·吉甘蒂（1535—
1598 年）的收藏，与图书馆有
机地联系在一起，并按照双轨制系统对艺术品与
自然藏品进行分类，将二者交替呈现；梵蒂冈的"矿物博物
馆"（Metalloteca），由植物学家米凯莱·梅尔卡蒂（Michele
Mercati，1541—1593 年）创建；维罗纳的药剂师弗朗切斯
科·卡尔佐拉里（1521—1600 年）的收藏；还有另一位药

阿尔德罗万迪的刺鲀。除了对
博物学感兴趣之外，阿尔德罗
万迪还认真研究了古文字学、
法学、逻辑学、哲学、医学、
数学、几何学、天文学和星盘
的应用。用培根的话说，他可
能是最后一个可以"穷尽自己
的研究领域里所有知识"的人。

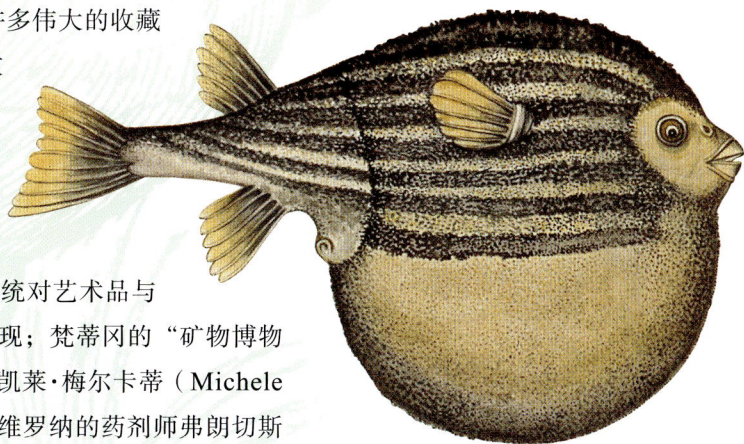

ULISSE ALDROVANDI BOLOGNESE·
IN ETÀ D'ANNI LXXVIII·

剂师费兰特·因佩拉托（1550—1615/1631），在那不勒斯建立了涉猎极为广泛的博物馆。在后两个收藏中，珍奇柜和精密的科学实验室相结合，成为功能性组合空间。

作为博洛尼亚大学哲学和博物学教授以及当地植物博物馆的馆长，阿尔德罗万迪无疑是珍奇文化史上最著名的人物之一。像卡尔佐拉里和因佩拉托一样，他是一个"新人类"：并非出身贵族，不享受任何私人赞助，接受过科学教育，并有意回避了象征主义和神秘主义——正是对这二者的热情激发了美第奇家族的珍奇阁图像志计划。收集、观察、比较——这就是阿尔德罗万迪的指导原则。

他把自己的珍奇柜看作一系列样本的集合，在"地下之物以及软体动物和贝类"收集方面尽可能详尽和包罗万象。正如奥尔米所说[21]，每一件藏品都可以当作整个收藏图录的一张索引卡。他的两个主要陈列柜所包含的抽屉数量超过 4554 个。他为这种奢侈的分类体系感到自豪，并在 1577 年写给弗朗切斯科·美第奇的信中，详细阐述了其无可匹敌的好处，特别提到当陈列柜中的抽屉打开时，便可露出隐藏在里面的更小的抽屉。[22]

在吸引和打动更多人的欲望驱使下，他对游客的重要性有相当的认识，这些游客将他的珍奇柜迅速变成博洛尼亚最受欢迎的景点之一。他制作了一份《博物馆参观者目录》（ Catalogus virorum qui visitarunt Musaeum nostrum ），在其中根据游客的来源地和社会地位对他们进行了分类。

他对工作痴迷而不知疲倦。他会在碎纸片上写下笔记，然后按字母顺序把它们放进袋子里，再大费周章地将它们重新排序，并粘贴到整张的纸上。直到去世时，他留下了 360 册手稿，其中一些至今仍未出版。

七十八岁的乌利塞·阿尔德罗万迪。他对积累和记录信息有着不辍的热情。他年轻的时候曾去过罗马，制作了一份城中所有古代塑像的清单，并标记出它们的位置。当他回到博洛尼亚接任大学教授的职位时，他对自然界也投入了同样的热情和勤奋。在他看来，"没有什么事情比掌握一切知识更令人幸福"。

阿尔德罗万迪心怀一个远大的抱负——为整个世界建立一份详细的目录，但很快他就不得不面对一个问题：无法获得他所需要的所有动植物标本。对他而言，如果不能获得真实的标本，那么至少要有它们的图像：直至去世之时，他已经收集了近八千幅蛋彩画，描绘了他无法获得标本的异域之物或稀有物品。此外，他的收藏中还有一万一千个野兽、植物和矿物标本，以及七千种压制处理的植物标本，粘贴在十五本册子上。在阿尔德罗万迪的世界里，画像被预设为一种传播或交流的手段，其艺术性完全让位于记录的意图。

阿尔德罗万迪的著作是其珍奇柜的逻辑延伸。他一生中的大部分时间都致力于编纂一部卷帙浩繁的百科全书，其中三卷在他有生之年出版，另外十卷在他去世后出版。他生前还留下了八十三卷手稿《知识文摘》（*Pandechion Epistemonicon*），其中木版画的数量之多，足以填满他的博物馆里至少十四个展柜。他的一个学生于 1642 年出版的《怪物的历史》，则是一部关于怪兽或人类怪胎的所有已知案例的汇编，清楚地展示了阿尔德罗万迪求索生涯中的转向：从科学的一面（建基于一个相对主义的假设之上：历史和地理背景会影响社会环境[23]），到神话和寓言的领域。书中有一幅图像："父亲四十岁，儿子二十岁，二人都浑身长满了毛发"（*pater annorum quadraginta et filius annorum viginti toto corpore pilosi*），描绘了两个著名的多毛症案例，并与普林尼（Pliny）所描述的幻想中的种族以及古代文献的复制品放置在一起。[24] 这些事例表明，阿尔德罗万迪对知识的渴求无法抑制，他"对珍稀之物的热爱，是典型的矫饰主义品位，即追求奇特和不同寻常"。[25]

1603 年，阿尔德罗万迪将他的藏品捐赠给博洛尼亚市。在他去世之后的 1617 年，这些藏品被转移到市政厅（Palazzo Pubblico），1657 年又与费迪南多·科斯皮侯爵的收藏整合在一起。18 年后，洛伦佐·莱加蒂（Lorenzo Legati）于博洛尼亚出版了联合目录《附属于乌利塞·阿尔德罗万迪著名

到 1570 年，阿尔德罗万迪共收藏了 7000 件植物标本（干燥后制成），还有鸟类、鱼类和其他动物。他招揽了一个艺术家团队，为每一件藏品绘制彩色图像，之后他将这些作品汇总成大型集册，共计十三卷。

**背景图** 版画，《科斯皮博物馆》（*Museo Cospiano*），1677 年。

图为棕颈鹭（Ardea stellaria）与长尾猴（Cercopithecus barbiger）。据阿尔德罗万迪说，这只猴子曾被送到西印度群岛的一家酒馆，在那里它一手抓着瓶子，另一手抓着钱，还会为主人拿酒。关于这只棕颈鹭，阿尔德罗万迪说："它的脖子非常细，长度至少有一英尺半（约等于 46 厘米）。"

Ardea stellaris ruffa, vel
Russy circa Verbanum lacum.

Simia Barbata.

收藏的科斯皮博物馆》(*Museo Cospiano Annesso a quello del famoso Ulisse Aldrovandi*，1667 年)。扉页的版画展示了珍奇柜的最终化身，期待着来自各界的声音：在但丁的凝视下，房间的每一个表面，从墙壁到天花板，每一平方厘米都被用作展示空间。可见的十几个陈列柜里塞满了各种各样的东西，它们遵循的唯一原则是对称：只有这一原则能够将表面的秩序施加于那些嘲弄秩序的事物之上，因为有条理的外观提供了秩序的全部力量和实质。图像的上半部分，通过比较揭示了看似五花八门的事物之间的类同关系，其中包括大量刺鲀标本（一种外来鱼类），不可思议的飞鱼，貌似由鹰和鼠海豚杂交而来的动物，据称是美人鱼的生物，还有其他一些无法辨认的野兽，它们拥有哺乳动物的后腿和爬行动物的尾巴。

版画的右上角画着一个优雅的人，看起来像是在操纵皮影戏里的木偶，也许这就是科斯皮本人？他正骄傲地展示着他的世界剧场。站在他旁边的侏儒，（据我们所知）是这个珍奇王国的向导，一个矛盾的人物，他似乎被他栖身的狭小空间所控制，表面看来是在主导这个物的世界，可最终只是其中的一件展品而已。

这些意大利收藏的灵感更多来自药剂师的商店而非"珍奇阁"，它们在许多方面与北欧国家同时期产生的珍奇柜相似。其中之一是巴塞尔（Basle）博物学家康拉德·格斯纳（1516—1565 年）的收藏，他和奎切伯格是经常通信往来的朋友，他对于动物界的分类经常被当作范例而引用；还有植物学家莱昂哈德·福克斯（Leonhard Fuchs，1501—1566 年）及神学家、哲学家和矿物学家格奥尔格·阿格里科拉（Georg Agricola，1494—1555 年）的收藏，他们两位也是奎切伯格的朋友；另外，由医生伯恩哈德·帕鲁达努斯（Bernhard Paludanus，1550—1633 年）收集的民族志和博物学藏品，最初收藏于低地国家的恩克赫伊曾（Enkhuizen），在 17 世纪中期被哥托夫公爵（Duke of Gottorf）买下，成为公爵"艺

**对页** 一件精美绝伦的象牙雕刻品，名为"象牙塔"（Torre d'avorio），其雕刻技术由塞塔拉发扬光大（见第 158 页）。

术屋"的核心藏品；最后，在这张挂一漏万的名单中，还有奥勒·沃姆（1588—1654年）的著名珍奇柜，他是来自哥本哈根的医学教授、旅行家、考古学家和语言学家，他的博物收藏极为丰富，包含民族志相关藏品、来自斯堪的纳维亚和东方世界的文物，以及古希腊与古罗马的工艺品和艺术品。

同样的矛盾也出现在现存最早的有关私人博物馆的图像中。那不勒斯的收藏家费兰特·因佩拉托，相当于南部地区的阿尔德罗万迪（来自博洛尼亚）和弗朗切斯科·卡尔佐拉里（来自维罗纳）。《那不勒斯的费兰特·因佩拉托的博物学著作卷二十八，本书总结了各种矿石的情况，并描述了一些至今未曾揭露的植物和动物的故事》（*Historia naturale di Ferrante Imperato napolitano libri XXVIII, nella quale ordinatamente si tratta della diversa condition di miniere, e pietre,con alcune historie di piante et animale sin' hora non date in luce*）于1599年在那不勒斯出版，扉页版画所展示的珍奇柜与阿尔德罗万迪的相比，内部设计更加有序，但同样拥挤。藏品环绕着一个被强调的中心——悬挂在天花板上的一条巨大的鳄鱼，遵循着对称原则而铺陈开来。此外，在右手边的角落里，三只鸟标本的上面，仔细观察可以发现一只正在啄食自己胸脯的鹈鹕：[26] 此处引用了鹈鹕用自己的鲜血挽救后代生命的神话，这一神话也象征着基督对人类的救赎。

博物学家、药剂师因佩拉托满怀真诚地宣称："我的自然剧场里只有来自大自然的物体，比如植物、矿物和动物。"根据这一原则，一块在瘟疫爆发时拯救了一位医生生命的牛黄，被他当作最珍贵的宝物之一，而且他对石头的治愈功能深信不疑［他的儿子在1610年发表了一篇有关该主题的论文《化石小品》（*De fossilibus opusculum*）］："例如，将紫水晶放在肚脐上，可以起到解毒的作用。蓝宝石能清洁眼睛，平息欲望。水晶可以抑制有毒的气流，而软玉则可以化解肾脏和胃部的结石。黄玉、蓝宝石、玛瑙、红锆石和花岗岩的

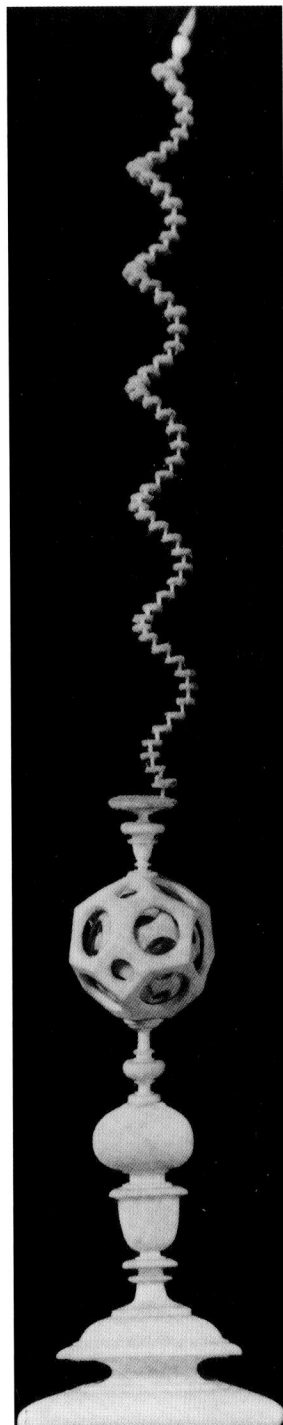

混合物是解毒的良药，佩戴碧玉则可以防止大出血和月经不调，增强胃部功能。"[27]

尽管因佩拉托的说法有时候显得缺乏依据，但他依然值得被给予应有的荣誉，因为他揭穿了一些错误的观念，例如证明蟾蜍石并不是从蟾蜍身上长出来的，而是与毒蘑菇有一些相似之处。他的珍奇柜看似混乱，却与他所认为的元素的相互转化和分布相对应（这也为他的《博物志》提供了框架），这些元素是盐、矿物、金属、土、水、空气和火。

1599 年出版的《博物志》及其扉页版画，在提高因佩拉托收藏的知名度方面起到了不小的作用，使它迅速成为当时知识分子关注的热点，包括学者费德里科·切西（Federico Cesi）、德国医生约翰·法贝尔（Johann Faber）和名扬四海的卡西亚诺·德尔·波佐（Cassiano del Pozzo），他们经常通过书信互相交流。不过，有一个流传已久且不无根据的说法，称五十八卷的《博物志》的真正作者并非因佩拉托，而更有可能是尼古拉·安东尼奥·斯蒂格利奥拉（Nicola Antonio Stigliola，1546—1623 年），这无疑给因佩拉托父子的声誉蒙上了阴影。费德里科·切西挺身而出，为他们辩护，坚持认为父子俩是"自然的奇迹，并且远比传闻中伟大。（miracoli di natura, et molto piu di quello che si dice）[28]。"

因佩拉托去世 15 年后，一份有关他藏品的新描述，由朱利奥·切萨雷·卡帕乔（Giulio Cesare Capaccio）写就[《陌生人》（Il Forastiero），那不勒斯，1634 年]。1656 年，费兰特的侄子阿尼埃洛（Aniello）去世，整个收藏四散，标志着珍奇柜发展史上的第一次重大转折。

历史学家经常将因佩拉托的收藏与弗朗切斯科·卡尔佐拉里在北方维罗纳建立的珍奇柜相对照。卡尔佐拉里也是一名药剂师，他将他的私人博物馆看作实验室和研讨室，用于实践工作及学生之间的交流和讨论，并使其与他的药房保持着密切而富有实效的关系。这一点在 1584 年出版的第一本收藏图录［乔瓦尼·巴蒂斯塔·奥利瓦（Giovanni Battista Oliva），《最真诚的弗朗切斯科·卡尔佐拉里，维罗纳博物馆高深且非凡的收藏》（*De Reconditis, et praecipuis collectaneis ab honestissimo et sollertissimo Francesco Calceolario Veronesi in museo adservatis*）］中有所反映。卡尔佐拉里死后大约 15 年出版的第二本图录，标志着奇异事物受关注程度的增长。该书的作者贝内代托·切鲁托（Benedetto Ceruto）和安德烈亚·基奥科（Andrea Chiocco）［《弗朗切斯科·卡尔佐拉里博物馆》（*Musaeum Franc. Calceolari*），维罗纳，1622 年］详细论述了这些藏品的奇特或神奇之处：在书中，蟾蜍石毫无疑问是从蟾蜍的头骨中生长出来的；真正的独角兽角的碎片具有治愈功效；还有一种神奇的植物，有一个诗意的名字"露娜利亚"（Lunaria），"据说它具有磁铁般的特性，能从马蹄上拔出钉子"。[29]

正是在这第二本图录中，收录了今天我们所熟悉的描绘卡尔佐拉里珍奇柜的版画，从中可见因佩拉托的影响。图像的焦点是一个陈列柜，柜子上方有凹凸不平的三角形楣饰，其中包含三十二个壁龛；前方的一对方尖碑和雕像严格遵循相近和对应的原则；而在架子上，花瓶和古埃及卡诺皮克罐（canopic jar）与一系列贝壳藏品相映成趣。比因佩拉托的珍奇柜更明显的是，房间的内部结构、家具的设计、精心打造的优雅气息和鲜明的装饰风格都表明了一种愿望，即在一个完全不同的世界里建立一种制度或秩序——将一套可理解的结构，植根于那些活生生的物体。

安东尼奥·吉甘蒂在博洛尼亚创立的珍奇柜，同样显示出对于事物对称性的痴迷。[30] 时处特利腾大公会议（Council of Trent）时期的这个珍奇柜，是"意大利文艺复兴中的基督教人文主义文化脉络"的一部分，与专注于科学目的的收藏相对立，并互为补充。米内利

18 世纪，曼弗雷多·塞塔拉（见后页）的收藏被米兰的盎博罗削图书馆（Bibliotecca Ambrosiona）购买，至今仍保存在那里。本页及对页的两个贝壳面具也包含在这批藏品中。

**曼弗雷多·塞塔拉**

塞塔拉，1600 年出生，1680 年去世，是 17 世纪最重要的私人收藏家之一。他的珍奇柜中包含自然物品、手工制品和许多圣髑盒，其中圣髑盒的分类依据不是所盛放的圣人遗骸，而是制作材料。塞塔拉曾经被请到恩宠圣母（S.Maria delle Grazie）修道院，这里的一位修道士被从天而降的石头击中，离奇死亡。若在从前，人们定会用超自然之力来解释这一现象，但是塞塔拉通过仔细查看他收藏中的证据，正确判断出这是一次突发意外事件（即陨石降落）。他痴迷于象牙雕刻，画像中的他就拿着这样一件艺术品（上图）；他还热衷天文仪器，比如天球仪（对页）。

（Minelli）对此评论道："在珍奇室墙壁上的展品中，可以发现两种对称性：第一种是关于单个物品的展示，可以称为'交替性微观对称'，即外观相似的物品从不相邻陈列，而总是与其他物品交替摆放；第二种，我们可以称之为'重复性宏观对称'，包括根据主题设置的藏品分组。"仔细观察卡尔佐拉里收藏的版画，一定会发现相同的主题和结构原则，但这些原则在此发挥了不同的作用。吉甘蒂是两位杰出神职人员的秘书，他收集藏品的原则与其说是科学上的"专业性"，不如说是对各种形式的造物的普遍推崇，其目的是强调宇宙中潜在的统一性。但除了他们不同的目标之外，这三位收藏家共同拥有的强烈愿望是填满每一个空间，在自然物和人造物之间不做区分，并达到和谐统一的效果。[31]

对奇绝之物的喜爱，植根于每一个珍奇柜的创造过程之中。这种喜爱变得愈发明显，其中艺术品、稀奇古怪或秘密流传的物品占据着越来越重要的地位。这种发展趋势，至少在一定程度上源于从殖民地进口的物品数量增长，这些异域之物在人们的日常生活中越来越常见。[32] 在不经意间，珍奇柜打开了私人陈列室的封闭空间，在那里，奖章与绘画、雕塑并排展出，以显示其收藏堪称成熟的"艺术品"。随着新一代收藏家在 17 世纪上半叶蓬勃发展，在奥尔米看来，收藏的重点转移到了物品的美学品质，并以巴洛克时代的风格为标准。

仍然是在意大利，1600 年至 1680 年间生活在米兰的曼弗雷多·塞塔拉的肖像画，就是这一现象的完美例证：画中的他表情忧郁，手中小心翼翼地拿着一件象牙雕刻品——一件大师之作，不管是在创造力还是技巧上都堪称超群，如同将华丽的辞藻视觉化，令人印象深刻，但最终却是没有实际用处的。塞塔拉本人是科学仪器和机械装置的制造者，对于显微镜、望远镜、指南针和其他复杂的钟表装置，"他是从美学的角度而不是从实用的角度来理解的"。[33] 此外，这一时期的米兰被视为各种精细工艺品——包括木材、黄金、象

Altra sfera fatta da me
moto pure di trepidate
diferente con l'apogico,
et altri moti fatto l'A
come si vede intagliato
dionale fatto alle fogi
del Cugnetti in Anuer.

牙和水晶制品——的核心产地之一，其产品因高超的技艺而风行各地。

塞塔拉的珍奇柜使得他名声远播。继承了父亲的藏品后，他开始从各方面着手丰富收藏，吸引了越来越多来自不同国家和社会阶层的参观者。他声称自己的珍奇柜代表了一幅包含整个世界的图景，并以自己的方式履行着阿尔德罗万迪的遗志，委托众多艺术家为他的藏品绘制了近三百幅画作，随后按主题分类并附上注释，结集成书，共计七卷。[34] 由保罗·玛丽亚·泰尔扎戈（Paolo Maria Terzago）整理的第一本塞塔拉藏品图录于 1664 年出版。塞塔拉的珍奇柜仍然被强行塞满了过多的物品，但其空间已经比早期收藏家蚕茧一般的珍奇柜更开阔了。过去被称为"珍奇屋"（camera curiosa）的有一面敞开的盒子，现在变成了一个大房间，房间两侧的陈列区由一系列展柜组成，每个展柜有六扇门。塞塔拉的收藏占据了他位于潘塔诺街（Via Pantano）的住所中的四个房间，藏品包括骷髅和自动机械装置、经过压制处理的植物和矿物样本、绘画和出土文物、武器和钟表等。[35] 陈列空间的戏剧性风格，似乎已经被巴洛克的浮夸法则所束缚。1680 年，当声名卓著的塞塔拉去世时，他的市民同胞们坚持用最盛大和隆重的仪式为他送葬：于是，在葬礼上，由他最稀奇古怪的藏品组成的一支送葬队伍跟随在他的遗体后面，这具空荡荡的躯壳本身也成了现实世界的遗迹。

南欧最受尊崇的博物学者是阿塔纳修斯·基歇尔（1602—1680 年），被称为"巴洛克巨擘"。他出生于德国，但在意大利生活和工作。在罗马，他在耶稣会学院担任语

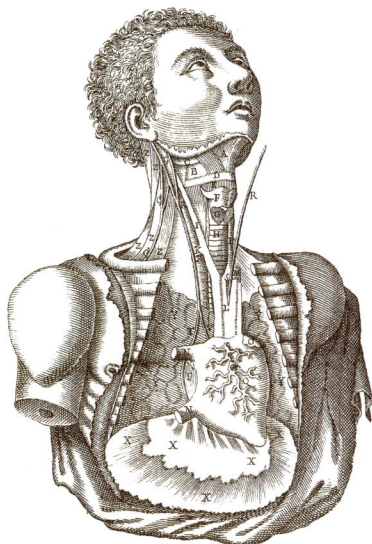

## 阿塔纳修斯·基歇尔

基歇尔出生于德国，但一生中大部分时间都作为一位耶稣会士在罗马度过，是当时最著名的博物学家之一。约翰·伊夫林在 1644 年曾拜访他，并写道："基歇尔神父（数学和东方语言的教授）彬彬有礼地接待了我们，并向我们耐心展示了自己的研究，包括他的永动机、反射光学镜、磁实验、模型，以及数不清的奇思妙想和装置。"基歇尔最为自豪的成就（或许仅仅是他自己的错觉），便是破解了埃及的象形文字。从现存的版画（见对页）来看，古埃及文物在他的展厅中占据了重要的位置。

**本页图** 来自基歇尔出版于 1680 年的《基歇尔生理学》（Physiologia Kircheriana）和 1650 年的《音乐学通论》（Musurgia universalis）。

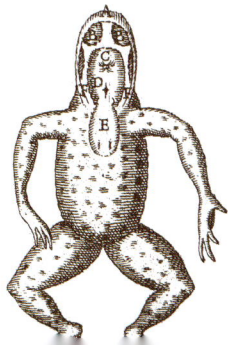

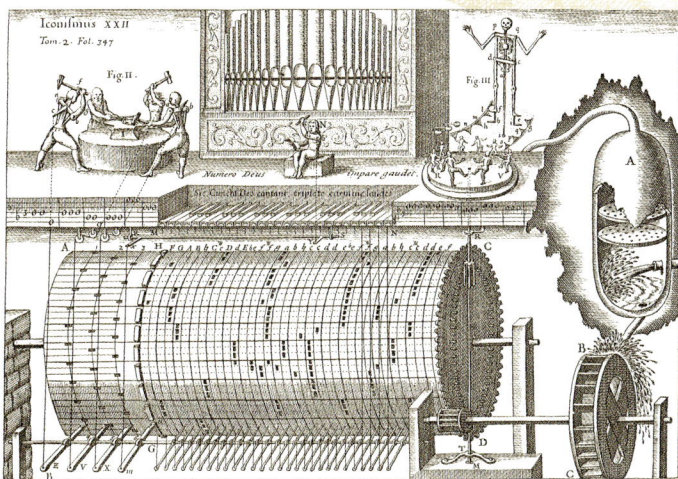

言学和数学教授。1633 年，尼古拉·佩雷西克（Nicolas Peiresc）曾语焉不详地将他描述为"某个名叫阿塔纳修斯·基歇尔的耶稣会牧师"，而在此后不到三十年的时间里，他便成为巴洛克时期罗马的杰出人物之一，他的博物馆被形容为"最著名的"。1678 年，第一本专门介绍他的藏品的图录出版。作为一位多产的作家，他"写的书比特洛伊木马里装的士兵还要多"[36]，他一生出版的作品超过三十五卷，"内容涉及磁力学、古代象形文字、天文学、音乐、数字的奥秘、地下世界和大洪水的历史"。

　　基歇尔的藏品很大程度上得益于耶稣会的规定和财政支持，同时也包括他们提供的"新发现"。传统的藏品类别，例如古董残片、自然物、动物学样本，都得到精心展示。除此之外，基歇尔还有大量来自中国、日本、印度、非洲和美洲土著的藏品，由传教士远征队送回罗马。凭借特殊的异国珍品获取渠道，以及接受的文物收藏遗赠，基歇尔大大扩充了他的收藏。1651 年，他的博物馆从图书馆旁边的一个房间，转移到了 1678 年出版的图录扉页上所描绘的长廊里。古埃及是基歇尔最热衷的研究领域之一，他为此写下了《埃及语言研究》（*Lingua Aegyptiaca Restituta*，1643 年），这是他

基歇尔的一大兴趣是音乐，著有《音乐学通论》，讨论古代的复调风格，以及巴洛克音乐和歌剧的崭新语言，至今仍为人传颂。他自己也创作音乐，并且首次提出了"音乐是一种情感表达"的理论。在教皇的要求之下，他设计了一个机械风琴（机械制造也是他的长项之一）：这是一架手摇风琴，转动的滚筒（由水流牵引驱动，水在滚筒右侧）带动琴键和音管，同时使得上方的一系列自动机械装置动起来，包括一只振翅欲飞的鸟。

**背景图** 版画，出自《基歇尔生理学》，1680 年。

RVDOLPH.
ROM. IMP.
CHID. AVS
NAT. VIEN
MENSE IV
18. ANTE
POST

最著名的论著之一。他一直试图破解象形文字，十年后又推出了他的巨著，一部关于埃及的百科全书，他称之为《埃及俄狄浦斯》（*Oedipus Aegyptiacus*，1652—1654 年）。在他的客人们（包括恭敬的约翰·伊夫林）看来，基歇尔似乎被赋予了一种神秘的力量——无论是真实的还是假设的力量，使得他对古代文明的传说与知识无比熟稔，并且可以破解久已失传的古老秘密和谜语。[37]

　　基歇尔陈列藏品的方式也独具一格，他通过各种奇妙的发明和改造——包括"德尔斐神谕"雕像、向日葵钟和各种有关视错觉的作品（2000年罗马举行的一次回顾展中，复制了其中的很多藏品），使他的自然物和文物收藏更具吸

## 鲁道夫二世

鲁道夫二世是最伟大的收藏家。他的兴趣领域和收藏来源都是无穷无尽的。

**对页**　鲁道夫二世的蜡制肖像，1606 年，由文策尔·马勒（Wenzel Maller）制作。

**上图**　鲁道夫收藏的"尼罗河马"（疑似河马）的头部。

**左图**　甲壳虫，出自霍夫纳格尔（Hofnägel）的《原型》（*Archetypa*），1592 年。

引力。为了寻求令人惊叹的效果，他在展厅和他的私人房间之间安装了一根很长的传声管，并小心地隐藏起来。如此一来，当他在自己的房间中解说时，展厅中的参观者只闻其声不见其人，大为惊异。

在宣称自己拥有最严谨的科学性的同时，基歇尔最关心的，是在自成体系的古典思想和基督教会思想之间建立联系，他坚信这种联系是存在的。尽管1678年的版画清晰地描绘了基歇尔的展厅，但它扭曲了比例，并将其转化为"宇宙的延伸，一个与宏观世界直接相连的微观世界"。[38] 虽然他会记录观察和实验的结果，但多数时候他并没有从中得出准确的结论。他痴迷于他所收集到的事实，而没有区分科学知识和武断的解释。因此，他的"可疑的研究价值"和"落后思想"也招致批评。[39] 托马斯·布朗爵士在《医生的宗教》（I，41）一书中宣称："世界于我只是一场梦，或一场恶作剧，我们都在其中，除了扬琴和古董伴我进入沉思。"矛盾的是，这种对物本身、对有形之物的热情，往往会导致一种对现实的失落感，对外表和现实的易逝与虚幻本质的更加深刻的认识。珍奇崇拜的世界充满了忧郁。布朗本人和奥布里以及他们之前的弗朗西斯科·德·美第奇一样，性情阴郁，受到"抑郁型"体液的影响，天生喜欢冥想，痴迷于时间的流逝和对知识的追求，虽然这份追求因其无尽而显得徒然。哈布斯堡王朝的鲁道夫二世（1552—1612年）是所有珍奇收藏家中最著名的一位，他无法改变的"性情"有时会打断乃至掌控着他的人生。

1574年，22岁的鲁道夫因第一次抑郁症发作而情绪低落，四年后，他抵挡不住更严重的发病，不得不离开维也纳，前往据说环境更好

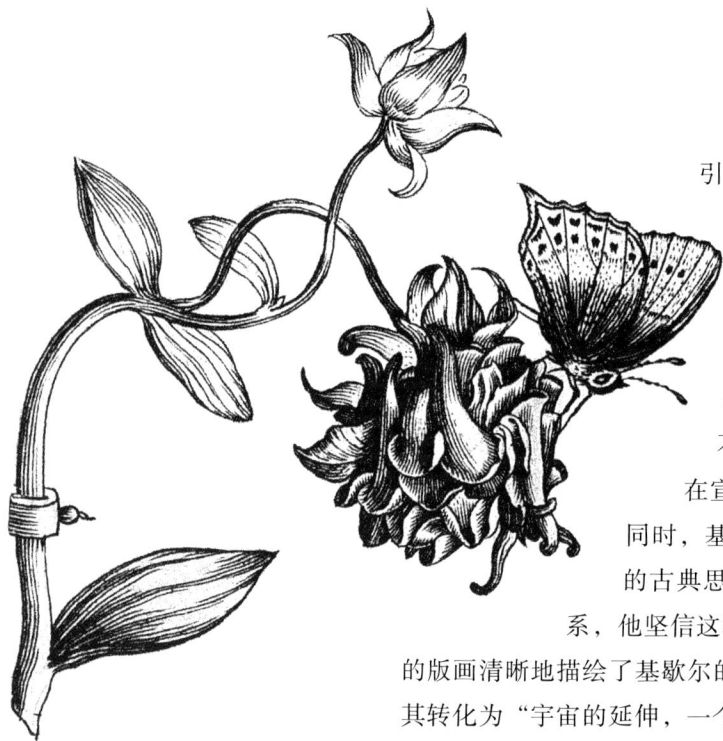

鲁道夫非常喜爱约里斯·霍夫纳格尔（Joris Hofnägel）绘制的植物和动物，他邀请这位艺术家装饰他的手稿，即使有时候这些插画和手稿内容并不匹配。其中一些画是经过精细观察描绘的，另一些则是寓言式的，还有一些完全是幻想的产物，比如从驮在龙虾背上的球体里开出的康乃馨。

一个拥有中等财富的人，为了实现收益最大化，应该根据他所处地区的特点以及他的意图和兴趣，去收集不同种类的种子、金属、小生物、古钱币或图画，所有这些都不会花费太多钱财。不能给人留下这样的印象——没有足够的空间来存放这些东西，不过空间大小并不重要。有很多东西可以卷起或折叠起来，放在窄小的柜子、壁橱或盒子里，但如果把它们都挂在最宽的墙壁上，或是放在最大的桌子、展台上，就很难有足够的空间了。除了这些柜子、箱子、壁橱、桌子和展示架之外，我们还必须记住，为实现实际的存储目的，保险柜可能大有用处，此外还有带方形隔层的便携箱、带折叠门的小柜、带折叠封面的书籍，以及堆满了各种艺术品并清楚贴有标签的箱子。

——塞缪尔·奎切伯格，约 1560 年

米兰的米塞罗尼（Miseroni）家族，被公认为其时代技艺最为精巧的金匠，令欧洲的那些伟大皇室为之倾倒。该家族中最负盛名的大师是加斯帕罗·米塞罗尼（Gasparo Miseroni），他曾经为美第奇家族和哈布斯堡王室服务。大约在1570年，他为国王马克西米利安二世制作了一个绿玉髓的精美花瓶（对页），它的把手造型是鸟身女妖哈耳庇厄（harpies）的形象，由珐琅彩和金制成，并饰以珍珠和红宝石。

**左图** 一只杯子的马镫形把手，由青金石制成，下方是金色狮子面具。这也是加斯帕罗·米塞罗尼的作品。这两件藏品都来自鲁道夫二世的艺术屋。

的布拉格。直到 1600 年，他都坚持履行自己的职责，虽然他早已对政务毫无兴趣，他还是将自己隐藏在宫廷典礼和著名艺术家（包括阿尔钦博托在内）策划的数不清的展览、节庆仪式、嘉年华和比赛中。但是，当 1600 年抑郁症再次发作时，他弃世的愿望，连同对各种艺术作品的渴望都愈发强烈。然而事实证明，作为防御措施，艺术的庇护作用显得极其脆弱，他的后半生笼罩在他的随从尤其是他的兄弟马蒂亚斯（Matthias）企图废黜他的阴谋之中。他成功挫败了这些不择手段的伎俩，却在 1605 年陷入了另一场更为严重的抑郁症发作。几年后，他同意放弃自己的绝对权力。在接连不断的篡位阴谋之下，到 1612 年他去世之时，他已经将一定程度的自治权让给了部分臣民。

对权力的矛盾态度，对世界的轻厌，寻求艺术的庇护，对新藏品永不满足的渴望，对稀有和奇异之物的追求：所有这些特征结合在一起，使鲁道夫成为本章所描述的收藏家的典型例子。由于"对中世纪思维方式的执着"，[40] 他像很多收藏家一样，显然很容易对陈旧事物抱有怀旧情绪与热忱。在他看来，这个世界是由有限的"组""系列"或有待补充完整的集合构成的，无论是自然还是艺术方面［比如他持续不断地收藏柯勒乔（Correggio）的《众神之爱》（*Loves of the Gods*）系列作品］。在他所获得的作品中，除了最为广泛的兼容并蓄之外，还出现了一种对根本的统一性的追寻，这种统一性来自事物之间的类比、关联和呼应。

最后也是最重要的一点，是他性格的每一方面都处在忧郁的阴影之下（尤其是他想在逃离现实世界的同时拥抱造物的多样性）。事实上，这正是他想象中收藏的正当理由。

收藏家的心理活动为精神分析理论的应用提供了丰富的素材，不少人以精神分析法来解释收藏家的心理：一种防御机制，用以对抗痛苦和失去；一座精神堡垒，用以抵御被遗弃和孤独无助带来的恐惧。"这种行为具有典型的肛门滞留人格的所有特征。在鲁道夫二世的例子中，上述行

鲁道夫热爱钟表，对页的照片展现了一个精美的船形钟表的内部构造。鲁道夫坐在王位上，另外六位德意志选帝侯会在每个整点出现在他的周围。这座钟表于 1580 年左右由汉斯·肖特海姆（Hans Schottheim）制作于奥格斯堡。

**背景图** 木版画，摘自 L.E. 贝热龙（L.E.Bergeron）的《车床手册》（*Manuael du turneur*），1792 年。

鲁道夫二世宫廷中三件珍贵精美的金器。

**对 页** 尼 古 拉 斯 · 普 法 夫（Nikolaus Pfaff）制作的犀牛角杯（1611 年）。杯上的两个角被认为是龙角，实际上是一只野猪的獠牙。

**左 图** 尼 古 拉 斯 · 施 密 德（Nikolaus Schmid）制作的一只镀银水壶的局部，嵌有珍珠和珍珠母。制作于 16 世纪晚期。

**上图** 出自扬·韦尔迈耶（Jan Vermeyer）之手的牛黄杯和水壶，17 世纪。人们认为将牛黄掏空做成的杯子，可以起到解毒的作用。

为似乎成了抵御忧郁的尝试，这种情况在收藏家中并不罕见［……］。这些寻获而来的物品（对鲁道夫而言，物品本身是什么无关紧要——任何能引起他好奇心的东西都可以）起到了保护或安慰的作用，就好像它们包含某种形式的魔法。"[41]

像巴伐利亚的阿尔布雷希特一样，鲁道夫雇用代理人在整个欧洲寻找符合条件的珍奇之物。此外，他身边还有艺术家、学者和能工巧匠，他们的任务就是创作出独一无二的作品。鲁道夫的收藏尤以其八百幅品质非凡的画作而闻名。它们被井然有序地安置在布拉格官邸的三个大房间里，这三个大房间被认为是真正的艺术屋的前厅。艺术屋主要用于放置自然物（涵盖博物学、动物学、植物学和矿物学四大领域）、科学用品（钟表、天文仪器、地球仪、天体仪和罗盘）、人工制品（来自各大洲的武器、纺织品、硬币和奖章，版画、贵重家具以及广义上的所有手工艺品，由有机和无机材料制成，包括象牙、琥珀、动物的角、鸵鸟蛋、金属和宝石），

这就像是走进一个小个子男人的书房，他喜欢一些稀罕的小物件，在房间里摆满奇怪的东西来取悦自己，但事实上，这些东西不过是些廉价的玩意儿罢了。这里有一只石化了的螃蟹，一只变色龙标本，内含苍蝇和蜘蛛的琥珀碎片，还有一些小泥人，据说是在古埃及的墓穴中发现的。

——伽利略在来信中描述塔索（Tasso）的《耶路撒冷的解放》（*Gerusalemme Liberata*）

## 绿色穹顶

德累斯顿的萨克森选帝侯的收藏，是非常罕见的保存基本完好的皇家收藏之一，于 1560 年由选帝侯奥古斯特创建，被安置在宫殿里名为"绿色穹顶"的一系列房间中。对页图中奥古斯都身穿仪仗盔甲，手持宝剑。他的收藏中有一些自然物，但更多的是人工物——钟表、科学仪器、自动机械装置、象牙雕刻，以及与医药、印刷和狩猎有关的物品，还有艺术品和珠宝。

**上图** 刻着三十个小脑袋的樱桃核，配有底座。

奥格斯堡的埃利亚斯·伦克（Elias Lenker）制作的两个带盖高脚杯，制作时间不晚于 1629 年。

**右图** 圣克里斯托弗（St Chri-stopher）托举着一个天球，上面坐着头顶光环的圣婴。

**对页** 大力神赫拉克勒斯（Her-cules）托举着一个地球仪，上面刻有当时人们获取的最新地理信息。

我去看了一批古董，我认为给我展示这些东西的人比我本人还疯狂。他首先给我展示了一个大理石头像，称赞它是世界上最伟大的东西，然后是各种各样的半身像，脚、手和碎片，一袋奖章，一个装着奇怪东西的小箱子，一只石蟹，一个一半是木头、一半是坚硬的岩石〔即石化了〕的木块，一些被称为"泪瓶"（lacrimarii，传说中用来收集泪水的瓶子）的花瓶，一些陶土灯，骨灰缸，还有一大堆新奇的东西。我在那里待了四个小时，当我看到他如此深爱着这些碎片时，我对他说：

"如果你是这些东西的主人，那它们就会完好无损，对吗？"

"哦，天哪，那样的话我该有多么幸福。"他回答说。

"如果那时你看到它们就已经成了现在的样子呢？"

"我会死的。"这位高贵的人说。

——安东·弗朗切斯科·多尼（Anton Francesco Doni），1552 年

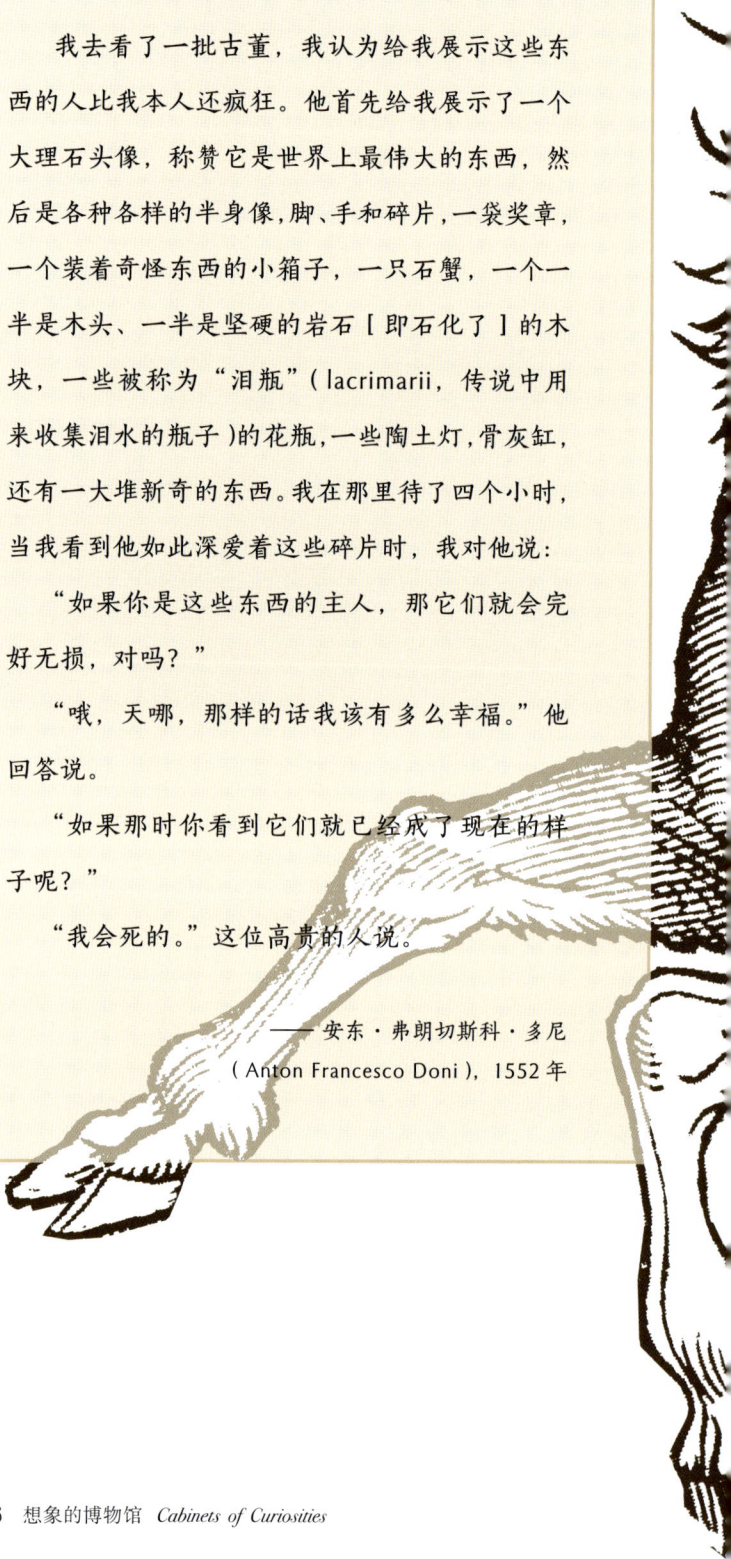

象牙雕刻而成的号角或猎号，可能来自穆斯林时期的西西里岛，约 12 世纪。选帝侯购得此物并收藏在他的艺术屋中。这样的号角之所以受到收藏家的珍视，是因为它们与罗兰（Roland）的故事有关。

**右图** 1546 年在斯特拉斯堡出版的一本德国动物寓言集中的独角兽。

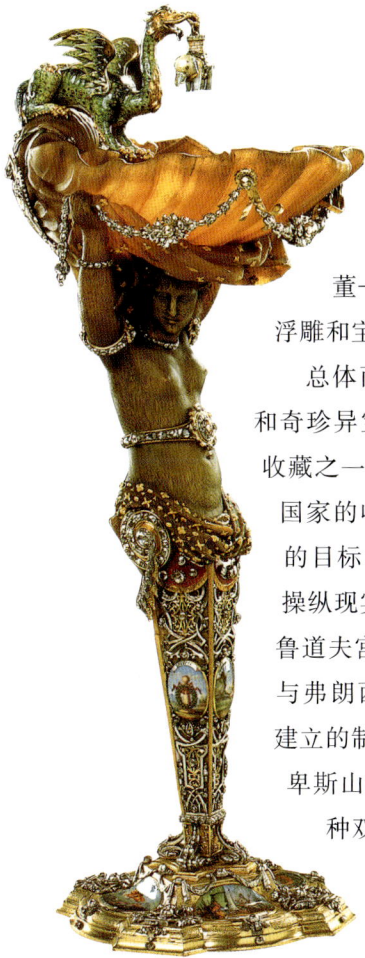

最后是图书馆。三个前厅作为艺术屋的引子，展出了相同类型的物品，并增加了古董——小件青铜器、半身像、雕像、浮雕和宝石。

总体而言，鲁道夫二世汇集的艺术品和奇珍异宝，被认为是当时最具鉴赏力的收藏之一。尽管它的规模无法与拉丁语族国家的收藏相媲美，但二者有一个共同的目标：不仅要收集一批物品，而且要操纵现实，进行实验和发明。在这方面，鲁道夫宫廷内工匠的活跃和作坊的存在，与弗朗西斯科·德·美第奇在佛罗伦萨建立的制度没有太大区别。事实上，阿尔卑斯山两边的皇室收藏，都很难脱离这种双重追求，即物质的和形而上的追求，这也为私人收藏家提供了动力，对此我们之后会讨论。

尽管北方的收藏可能规模更大、更奢华，但在追求上与南方的收藏并没有本质区别，当人们意识到大多数贵族的收藏规模都远远小于上述收藏时，两者之间的相似之处就更加引人注目了。除了慕尼黑、阿姆布拉斯和布拉格，德累斯顿的萨克森选帝侯于 1560 年创建的艺术屋也值得一提。该艺术屋由七个展厅组成，主要存放与科学相关的物品，也包含绘画和珍奇品，代表了 16 世纪 60 年代至 16 世纪末之间创建的一批较为朴素的珍奇柜。

这类收藏还包括卡塞尔的黑森伯国领主（Landgraves of Hesse，约 1577 年，

另外三件来自德累斯顿"绿色穹顶"的宝物。

**对页** 用黄金、珐琅、玛瑙和钻石制作的猫头鹰，出自戈特弗里德·德林（Gottfried Döring）之手，制作于德累斯顿，时间不晚于 1718 年，。

**左图** 一个黑人女孩形象的高脚杯，用犀牛角制作。女孩举着一个贝壳，上面栖息着一条龙，龙口衔有一只微缩的象。制作于 1709 年。

**下图** 用珍珠、珐琅和各种矿石制作的带翅膀的龙。它张着嘴，露出牙齿和舌头。制作时间不晚于 1706 年。

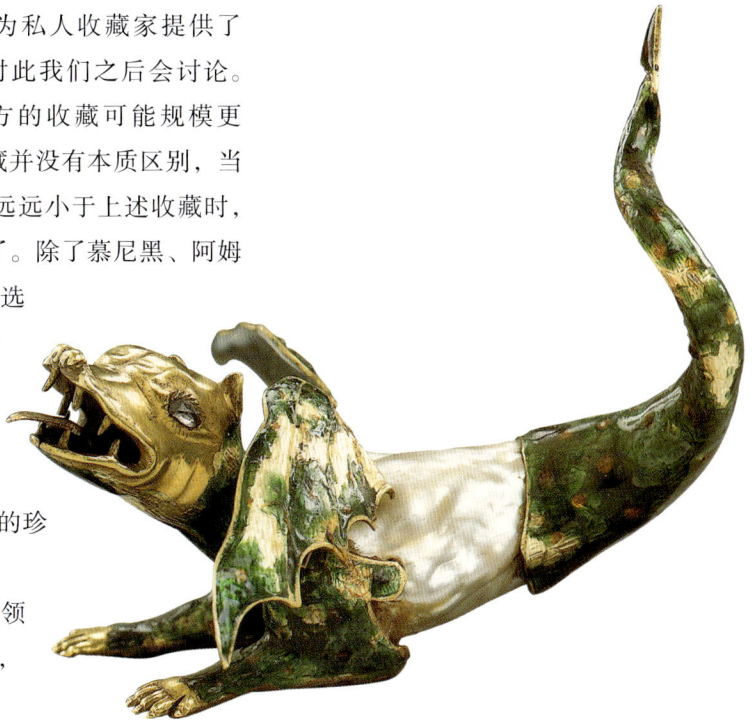

16 世纪 90 年代藏品重组）、斯图加特的符滕堡公爵（Dukes of Wurttenberg，约 1600 年）、柏林的勃兰登堡选帝侯（第一份藏品清单可以追溯到 1599 年）和哥本哈根的丹麦国王［在腓特烈二世（Frederick II）1559 年至 1588 年在位期间被首次提及］的收藏。然而，在大多数情况下，上述第一代艺术屋遭受了三十年战争带来的破坏。直到 17 世纪中叶，珍奇崇拜才全面开花。

当然，我们不可能把珍奇崇拜和最伟大的收藏家们的历史简化成单一的叙述线索。这是非凡的头脑和个人心理造就的感受力，是特殊的际遇和命运的产物，是一个国家、一个地区甚至一个城市所特有的一种竞争精神的产物。然而，同样不可否认的是，标志着珍奇崇拜兴衰的最后三四代收藏家，他们在追求奇异之物时仅仅是为了这些物品本身，这一点表现得越来越明显。与此同时，他们也发现了巴洛克风格的价值，并促成了一种新型收藏家的出现。从此以后，收藏活动的目的不再是为未来的研究收集材料，或是搜集物品以充实一个尚待补充完整的体系（对于阿尔德罗万迪和因佩拉托这样的收藏家而言，这就是他们所关注的重点，至少是部分重点），而只是为了获得所有有趣和神秘的东西。

17 世纪晚期的收藏家们，和伟大的修辞学家埃马努埃莱·泰绍罗的著作在精神上存在相似性[42]，这一点已经引起了人们的充分重视。泰绍罗最著名的作品名为《亚里士多德望远镜》（Il *Cannochiale aristotelico*，都灵，1675 年），根据这个名字，不难想象他在其中意味深长地哀叹望远镜的出现减少了造物的神秘感。就像可见世界发生了错位或脱节，又如包罗万象的双重游戏或双重意义，每一个外在的表象在打开一个新意义的同时，也隐藏了它，并揭示了大自然"妙语"，以及无限的隐喻游戏与隐藏意义的诸多表征。

欧洲百科全书式收藏的数量在 16 世纪已经非常可观，17 世纪达到了数百个。几十年来，学者和鉴赏家要么取代贵族而扮演收藏家的角色，要么与他们同时从事这项活动。

在许多情况下，这些私人藏品在主人去世后被当地的权贵们买下，并归入他们的家族收藏中。因此，珍奇崇拜的两大传统最终合并为一个。正如阿达尔吉萨·卢利所指出的悖谬之处，启蒙运动时期欧洲百科全书式收藏的衰落，实际上与雄心勃勃的"《百科全书》计划"（project of *Encyclopédie*）是同步发生的。

毫无疑问，收藏者的心理特征在很大程度上可以用精神分析理论来解释，正如它们符合中世纪和文艺复兴时期的体液理论一样；在收藏活动中很容易辨别出强迫症或抑郁症的症状，或是分裂和防御的心理机制。但是，心理遗传学（psychogenetic）的理论和因果论只能在部分层面上为这些现象提供片面和单向度的解释，而最根本的谜团几乎没有被触及。收藏模式的演变、各种冲动的相互依存、意料之外的共谋以及那些难以预测的潮流，使得我们沉溺于行家才有的眼光，对珍奇之物极尽崇拜、疯狂追求，必欲满足而后快——对于这一切，我们究竟有什么真正的了解？最重要的是，我们可以把自己当作收藏家群体的新成员，以自己的心理特征为补充，去剖析这种"激情"：忧郁的倾向，渗透并结合其他必要的特征——探究的头脑，对秘密的嗜好，对合理化的寻求，对获得珍奇之物这一过程本身的热情，对事物形式和组合之演变的迷恋，以及对生与死、存在的本质与生命的消逝之间界限的永恒追问。种种痴迷之心将珍奇柜变成了哀悼伤逝却又欣喜若狂的地方，这里唯一的信念是："人是一种高贵的动物，在灰烬中灿烂，在坟冢中傲然。"[《瓮葬》（*Urn Burial*）]

# IV

# 柜阁魅影：
# 18 世纪至 19世纪

## THE PHANTOM CABINET: 18TH–19TH CENTURIES

当事物之间的差异性变得比相似性更重要的时候，珍奇柜的观念开始改变。由此导致的结果就是一些大规模的收藏被拆分到了不同的专业机构，比如属于自然物的去了自然博物馆，属于人造物的去了艺术博物馆。

约瑟夫·博尼耶·德·拉·莫森的收藏介于这两个世界之间。他位于巴黎圣多米尼克街（Rue Saint-Dominique）的住所内装满了各种迥然不同的物品，保留着传统艺术屋的特点。不同之处在于，这些藏品经过严格区分归类，其教学意义远大于引起惊叹的目的。1739 年，一张描绘该收藏的图绘（见 188—189 页）展示了其内部陈设。在此之前的几年，艺术家雅克·德·拉茹埃用更花哨的画风再现了该收藏，将它描绘成一个洛可可式的梦境（左图）。虽然风格不同，但两幅作品都表明了该收藏的高度系统化。本页这幅画展示的是收藏各种镜片的柜子，下方则是正多面体和机械装置。

## 博尼耶·德·拉·莫森

博尼耶·德·拉·莫森的妹夫是同样
热衷收藏的皮克奎尼公爵（Duc de
Picquigny）。拉茹埃也为他创作了
一系列画作，从中可以更明显地感
受到珍奇之物曾经带来的魔法般的
氛围。作品《药剂师的商店》（The
Apothecary's Shop）被安置在一个
奇特的拱形空间中，艺术屋中的神秘
物品在此一应俱全：悬挂在天花板上
的鳄鱼标本，大象的头，巨型蜘蛛，
东方魔法师和炼金术士的熔炉。

康拉德·格斯纳，多产作家、学者、博物学家［著有关于动物生命形态的汇编作品《动物图志》（*Icones Animalium*），于1553—1560年间出版，共三册，具有里程碑意义］。在他的另一本重要著作《世界图书馆》（*Bibliotheca Universalis*，苏黎世，1545年）[43]里，他宣称其中包含了至少一千八百个作者和他们的作品，并将"整个图书馆装进了一册书中"。

关于托马斯·布朗爵士作品的最新研究证实，他的论著《世俗谬论》仅第一版就出了二百一十本对开本、一百二十本四开本和一百二十本其他尺寸较小的版本，在之后的版本中，他还另外添加了七十五卷参考资料。

对珍奇的崇拜是一种对汇总事物的痴迷，对无止境地重复、并置和叠加的痴迷；在启蒙主义时代，为了重申一种由来已久的对比关系，人们采取了与过去完全相反的立场，那就是坚定地站在普遍性的一边，接受一种等级制的世界观，认定更广泛的理性范畴具有有效性。[44]1750年之后，以托马斯·布朗爵士为代表的珍奇收藏家和"学究"，逐渐让位给百科全书派，后者用极度轻蔑的态度，驳斥了前人幼稚和陈旧的做法：阿尔德罗万迪、格斯纳和基歇尔这样的收藏家都已成为历史，取而代之的是林奈［他的《自然系统》（*System of Nature*）第一版在1735年出版］、居维叶（Cuvier）和布封。

曾经拥挤而幽闭的"世界剧院"在空间上不断压缩，演变成一系列零散的私人珍奇柜，每一个都有自己的特色。约瑟夫·博尼耶·德·拉·莫森（1702—1744年）是杜伊勒里（Tuileries）狩猎队的队长，也是朗格多克省（Languedoc）财政部部长的儿子。他对自己的收藏颇为得意，并留下了一份令人印象深刻的藏品记录。他在圣多米尼克街上有一家私人酒店，其中的一系列房间用于存放藏品。其收藏涉及解剖体、化学品、药剂学用品、药物、车床和专门工具、博物学物品（"第一个博物柜中，放有保存在瓶子里的动物标本，瓶内装有防腐液体"，"第二个博物柜中，包含经过干燥处理

建筑师让-巴蒂斯特·库尔托纳（Jean-Baptiste Courtonne，1739年）描绘的博尼耶·德·拉·莫森收藏。相比拉茹埃充满想象力的创作，这幅画留下了更为写实的记录。该收藏共由八个陈列柜组成，包含解剖体、化学品、药剂学用品、药品、浸泡保存的动物标本、风干处理的动物标本、机械装置和书籍。对页图所示区域展示的是珊瑚。

的动物标本"）、印刷品和稀有书籍、机械装置和物理学工具。建筑师让－巴蒂斯特·库尔托纳于 1739 年创作的画作，描绘了整个收藏的"横截面"，如果把其中的物品一个连一个摆开的话，差不多有十米长。

1744 年到 1745 年之间，莫森藏品四散，格尔桑（Gersaint）为其编纂了图录，他写道："用来装饰这些柜子的，是我们所能想象到的最精巧和令人愉悦的物品。"他还这样描述了该收藏的主人："德·拉·莫森很乐意让那些热爱探究之人观察和研究他的藏品，这些物品有的来自我国，有的来自外国。只要能够让前来参观的人获得喜悦，在莫森看来，就足以构成他坚持下去的理由。对于自己购得之物，他方方面面都想要了解，并以此为一个坚定不移的原则，这对他理解他所探求的一切大有裨益。"

空间的比例，镶板和珍奇柜的设计，房间的高度，装饰的富丽堂皇，以及建筑设计和图案的精雕细琢，这一切足以表明，它们与塞塔拉、阿尔德罗万迪这类收藏家"尘封的博物馆"存在着巨大差异。17 世纪收藏者的神秘动机和天真信仰，在新的科学仪器以及对审美愉悦本身的信奉面前，都萎缩了。"这是巴黎最好的珍奇柜之一，"德·拉·莫森的同代人德扎耶尔·德尔让维尔（Dezallier d'Argenville）称，"无论是它的安排还是它所包含的美丽之物……七个高大的房间依次相连，构成了一道迷人的风景。"[45] 简而言之，在这种华丽而复杂的装潢中，只残留着一点珍奇崇拜的气息了。（尽管如此，一些标志性形象仍然吸引着博尼耶·德·拉·莫森，包括他的图录扉页上的贝壳，以及象牙金字塔和薄如纸张的木制高脚杯。）以超然物外的游戏心态、一定程度的怀旧和稍显惊讶的眼光来看，对珍奇的崇拜现在已经消失在历史背景之中。

这样的背景从珍奇柜自身找到了回响：雅克·德·拉茹埃（约 1686—1761 年）绘制了其中四个房间的门顶装

关于博尼耶·德·拉·莫森收藏的第三个记录，来自艺术品经销商格尔桑编纂的目录［他最出名的事迹便是，他的商店招牌是艺术家华托（Watteau）绘制的］。格尔桑是图绘目录出版的先驱，伦勃朗的铜版画也在其中。他在某一本目录中称自己是"好奇之人"。1744 年，他为博尼耶·德·拉·莫森的藏品编纂目录，此时博尼耶已经去世，藏品随之四散。该目录包含了对自然物和人造物的细致入微的描绘。上图展示了"贝壳、昆虫和爬行动物"。

饰图案，他将一些展品从它们的背景中剥离出来，使其融入一套别具一格的建筑设计中。如此一来，这些藏品就被带进了想象的领域，置身于一种轻柔细密的光线和梦幻般的氛围中。

与此类似的，就是拉茹埃为博尼耶·德·拉·莫森的妹夫皮克奎尼公爵（1714—1769 年）所绘制的十三幅作品。十几年以后，这位公爵的后辈继承了他的品味，毫不含糊地挑出了他的收藏中最具恋物倾向的物品（尤其是蝾螈、犰狳、珊瑚和悬挂在空中的短吻鳄），并将它们放入梦幻般的装饰空间——洛可可风格的华丽曲线与波纹之中，它们锋利的线条和珍奇柜的曲线造型相呼应（就像在《药剂师的商店》这幅作品中呈现的那样）。这些画作绘制于 1734 年至 1737 年间，随后立即被制作成版画，并通过这种形式取得了巨大成功。[46] 其中的三幅作品，《海洋》（*The Sea*）《天文学》（*Astronomy*）和《运动的力量》（*Forces of Movement*），其名称和主题也出现在拉茹埃为博尼耶·德·拉·莫森创作的作品中。

以透视法缩短视角，在形式上采用典故和引语，描绘画中之画：显然，珍奇崇拜现在只不过是隐藏在他人心中的一幅图象，一场想象力盛宴的焦点。[或者其实是一种投机买卖：路易-塞巴斯蒂安·梅西耶（Louis-Sébasien Mercier，1740—1814 年）在他的《巴黎图鉴》（*Tableau de Paris*，1781 年）中评论道："贵族成员们打着收藏珍品的幌子，实际上是二手货经销商，生意规模很大。他们没有需求也没有激情，仅仅为了赚钱而购买珠宝、马匹、绘画、版画和古董；他们建立的种马场和珍奇柜，很快就会变成交易的场所。"]到了 18 世纪后半叶，当一位专业收藏者邀请朋友们欣赏他的藏品时，这一参观行为本身已经演化为一种仪式。

下图　格尔桑的生意名片（1740 年），充分体现了珍奇柜的精神。

专业收藏者雷米（Rémy，1757—1754年）藏品目录的扉页版画描绘了这样的场景：在千篇一律地悬挂在天花板上的犰狳、刺鲀和鳄鱼之下，在标本保存罐和填充动物标本之间，一个"印第安人"正自豪地向一组访客展示一个贝壳，访客中包含时尚的女士和好奇的绅士。在当时，收藏者挑选出藏品中最具民族风格的精品——如羽毛头饰、短袍等——来打扮自己，被认为是品味的象征，其目的是直观地展示其藏品的历史和起源地。

曾经与珍奇文化密不可分的动因正在逐渐消解，随之而来的是珍奇收藏的边缘化，对此我们不应过分简化其背后的多重原因。毫无疑问，科学探究精神的兴起和对新理性秩序的信仰，使"珍奇"被降格到了人类知识的较低层次；观测、新的方法论、数据的积累被赋予了至高无上的地位，珍奇崇拜则被贬低为一种不完美的科学。但是在所有这些因素之外，珍奇文化的这一转向，也是15世纪开始的所谓"大众想象"转变达到顶峰的结果。16、17世纪频发的战争和动荡，使欧洲分崩离析，并导致了与珍奇文化有关的价值观的两极分化，致使其衰落。对非凡但"没有实际意义"的绝技的喜好，不计成本的投入，对与珍奇柜相关的秘密、魔法和神秘习俗的痴迷，所有这些，都变得极其不受欢迎或无法被社会接受，并被贬低为纯粹的娱乐或幼稚的幻想："从积极的角度来说，新的自然秩序的规律性反映了新社会秩序的礼仪规范；从消极的角度来说，自然哲学中的奇迹，带有宗教和政治中狂热与迷信的破坏性力量。"[47]

珍奇之物征服人心的强大力量，以及无法抵挡的引人惊叹的能力，现在被视为无知和迷信的表现，它们能吸引的只有某些社会群体，即"最容易受影响"的人："妇女老幼、未开化的原始人和未受过教育的大众，一个庞杂的群体，被统称为'粗鄙之人'。"[48]因此，18世纪上半叶发展起来的

## 格兰尼先生博物馆

位于利奇菲尔德（Lichfiled）的格兰尼先生博物馆（Mr Greene Museum）是18世纪一座相当气派的私人博物馆（上图）。约翰生博士（Dr. Johnson）于1776年3月参观了这里，其传记作者詹姆斯·鲍斯威尔（James Boswell）写道："这是一个真正称得上绝妙的收藏，不管是古董还是自然物品，还有精美的艺术品。所有藏品都安排得当，其名称写在标签上，由主人在自己的小型印刷机上印制而成。"

到了18世纪中叶，收藏不再是某些小圈子的内部行为，而是逐渐成为一种财富的象征。在对页的这幅版画里，专业收藏者雷米扮成了"印第安人"，向几位女士展示一件贝壳藏品。

一种有关真理本质的全新哲学，将珍奇文化边缘化并消解了其魅力。无法解释的事物和怪异之物在新的文明里不再有容身之地，这里需要的是可以被解释的现实，不多也不少的现实；自此，一个可预测的自然界将完全服从概率定律，不给例外之物留任何余地，正如社会要求的"普通"不给无端的过度留下空间一样（"形而上的层面从非凡性到一致性的转变，与文化价值上从贵族式的富丽堂皇到中产阶级家庭生活的转变，是同时发生的"）。[49]

因此，珍奇品令人称奇的稀有性在逐渐弱化，从绝对变成了相对。惊奇之物和对惊奇之物的迷恋，都成了一种哗众取宠的渴望，这样的喜好后来在巡回博览会和大众传媒中找到了栖身之所。客厅里的"印第安人"像变魔术一样变出一个美洲，虽然遥远，却也真实。参观一个收藏，与其说是一种启示或独特的体验，倒不如说是富有教育性的娱乐形式，这种颇有教养的启蒙方式启发了这一时期的很多欧洲作家，包括法国的丰特奈尔（Fontenelle），还有见多识广的意大利人弗朗切斯科·阿尔加罗蒂（Francesco Algarotti），他是《写给女士们的牛顿主义》（*Newtonism for Ladies*）的作者。

在这种全新的现实结构之下，过去珍奇柜中混杂并置的物品，现在必须被区分了；也就是说，有必要按照新的价值观对它们进行分类和安置。第一步就是抛弃"自然物"和"人造物"这对含糊的概念，把艺术品和科学用品区分开来；下一步是在艺术品这一门类中继续细分主要作品和次要作品、纯艺术和装饰艺术，装饰艺术品是指以卓越的技术和精湛的工艺而著称的手工制品。正如语言中的某些变异现象一样，首先消失的是珍奇柜原有的"句法"。哈布斯堡收藏的转移就是这种分散或错位的典型例证：画作和雪花石膏瓮被安放在伟大艺术的宝库维也纳艺术史博物馆（Kunsthistorisches Museum），镀金的犀牛角则移交给外地的阿姆布拉斯宫，和那些奇异之物放在一起。[50]随着17世纪后半叶珍奇柜"混合"

## 草莓山庄

位于伦敦附近的特威克纳姆（Twickenham）座落着霍勒斯·沃波尔（Horace Walpole）的草莓山庄（Strawberry Hill）。由此，我们从有关艺术屋的伪科学，来到了哥特复兴（Gothic Revival）的伪历史。沃波尔的野心是再造一个迷你的中世纪世界。他的藏品包括盔甲、装饰华美的手抄本、家具、彩色玻璃，其藏品选择的决定性因素，更多的是一种文学意义上的想象，而非理解宇宙的急切求知欲望。他的作品《奥特兰托城堡》（*Castel of Otranto*）是第一部哥特小说，草莓山庄（对页图）则是新哥特建筑风格的先驱。

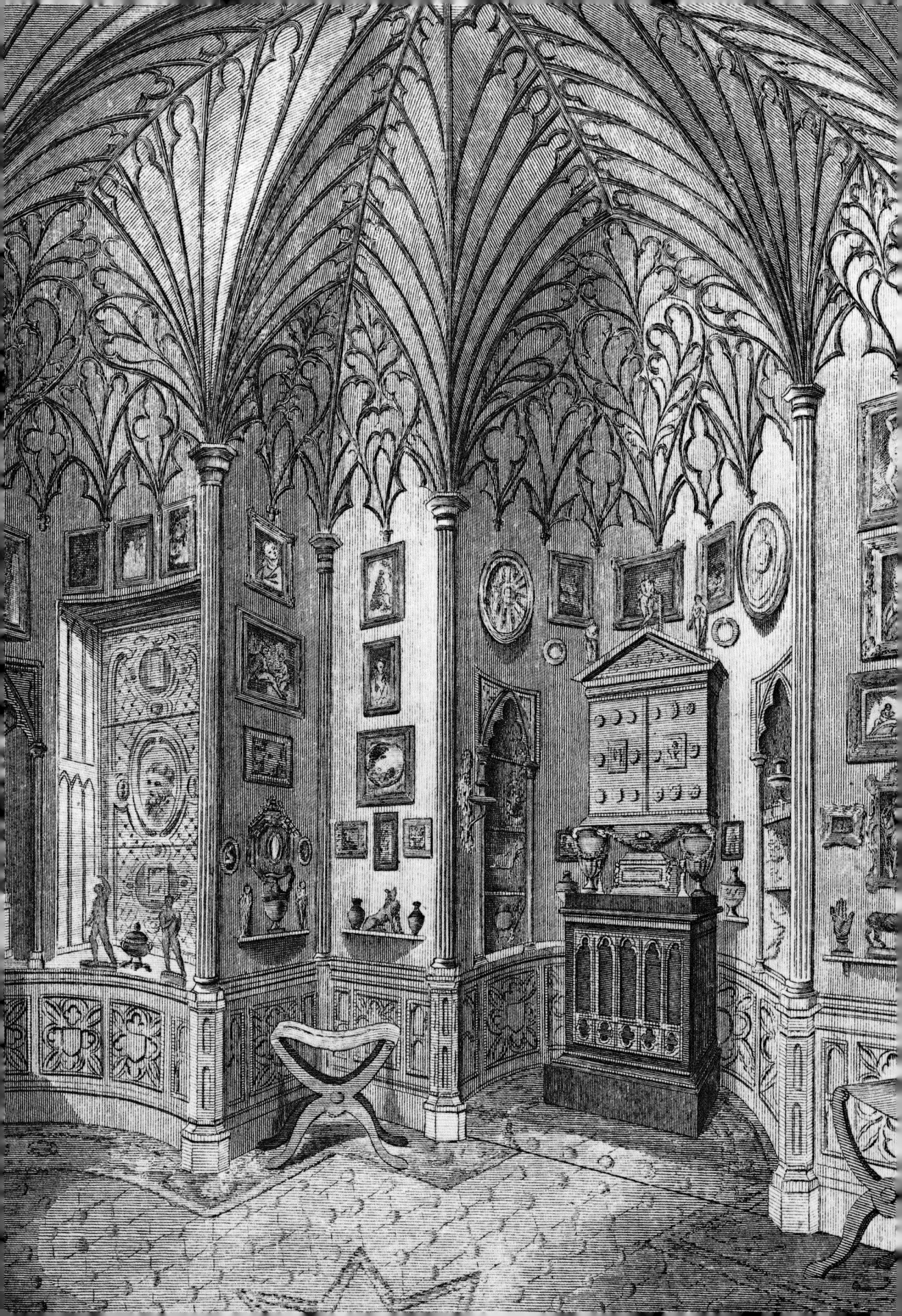

空间的瓦解，我们今天所熟悉的艺术版图开始出现，与此同时还有一种新的命名法和审美的界限，这些在随后的两个世纪里都是毋庸置疑的（正如我们将在当代艺术中看到的，曾经被推翻的观念又得以复兴，上述现象无疑是其原因之一）。

在启蒙时代，得到容许的珍奇文化的形式（或方向）在关注重点上发生了决定性的转变。它不再热衷稀有之物，也不再关注细枝末节（minutiae）——康德将其视为与崇高（Sublime）相对的概念，而崇高是审美情感的真正来源：崇高是一种独特或复杂的品位，一种对独一无二个性的表达，这种个性体现在鉴赏力超出一般水平，以及由此带来的，对于被忽视或低估的边缘艺术形式的兴趣。根据这一观点，18世纪英国伟大的收藏家沃波尔和贝克福德（Beckford），两位引人注目的古怪之人，纨绔主义和唯美主义的先驱，也许可以被看作珍奇文化的继承者。他们各自选定了一个专门的地点用于收藏，分别是草莓山庄和丰希尔修道院（Fonthill Abbey），并将范围限定在其围墙之内；每一座古怪的宅邸都因其收纳的藏品而找到了自身存在的合理性，这些藏品主要是由违背当时审美规范的物品组成的，它们意味着更高的审美感知能力。这样的庇护所也被赋予了珍奇柜曾经拥有的神秘气氛，但是如今在此处被膜拜的，只有艺术本身和记忆了。

这种价值观转变的另一个例子是维旺·德农（Vivant Denon，1747—1825年）。[51] 他是时尚圈子的领军人物，曾任外交官，是颇有建树的朝臣，也是画师和版画家。他曾经是君主制的拥护者，后来又成为共和国间谍和帝国的行政长官。多年来，他仅以短篇小说《没有明天》（*Point de lendemain*）作者之名为人所知（其作者身份还存在争议），如今他获得了一个更显赫的新身份，那就是他在帝国的文化和政治中，在卢浮宫的建立以及埃及战役中所扮演的角色。他与众不同而又充满传奇色彩的人生，在当代想象中找到了特别的共鸣。在变色龙般的外表之下，德农本质上是一个不

折不扣的业余活动爱好者，也是一个充满激情的收藏家。自1815年10月3日退出公共视野之后，他用生命中最后的十年时间，不断丰富藏品，完善装潢。他的收藏地在伏尔泰滨河路（quai Voltaire）上的公寓。很快，参观此处就成了有教养阶级的惯例，贝尔纳丁·德·圣皮埃尔（Bernardin de Saint-Pierre）、让利夫人（Madame de Genlis）和摩根夫人（Lady Morgan）等作家都曾到访，留下激动人心的文字。

这座珍宝库里，有大量绘画、雕塑和版画：为出售藏品而编撰的三册目录中，列出了至少1574件卡洛（Callot）的作品、133件马尔坎托尼奥·雷蒙迪（Marcantonio Raimondi）的作品，以及数十件伦勃朗（Rembrandt）和帕尔米贾尼诺（Parmigianino）的作品。游历促使德农对古董和埃及产生浓厚兴趣，正是这种迷恋凸显了他的收藏与艺术屋之间的相似性，如同最近的一则评论所描述的："在那里，

## 古德里奇宫

与很多浪漫主义收藏家一样，塞缪尔·拉什·梅里克爵士（Sir Samuel Rush Meyrick）将真实与幻想结合在一起。他的古德里奇宫（Goodrich Court）城堡，位于英国的偏远地区，在威尔士附近。它是对哥特复兴风格的彻底实践，但其收藏中包含了真正的中世纪物品，比如这个来自利摩日（Limoges）的16世纪珐琅墨水架（上图），上面描绘的是大力神赫拉克勒斯的故事。

## 索恩和德农

约翰·索恩爵士（Sir John Soane）
是英国新古典主义建筑师中的佼佼
者，他把自己在伦敦的住所改造成了
一座博物馆。其内部是完全个人化的
创作，小而幽暗的房间彼此贯通，并
且在不同层次上引入了奇特的构想和
富有暗示性的建筑空间，到处都摆放
着（甚至是过多地摆放着）他的藏品。
索恩对贝壳和矿石不感兴趣。他购买
的大多是古典建筑、雕塑和绘画的残
片，其中最重要的是一个古埃及石棺。
正是所有藏品聚集在一起的方式，赋
予此处以艺术屋的氛围。然而，索恩
不是一个巫师或神秘主义者，而是一
个 19 世纪的浪漫主义者。

维旺·德农的收藏（见对页），是拿
破仑时期卢浮宫藏品的核心组成部
分。其陈列空间表面上与索恩的博
物馆相似，但德农对待藏品的方式，
是现代博物馆馆长式的，而非浪漫
主义艺术家式的。画中的场景并不
真实，而是由画家本杰明·齐克斯
（Benjamin Zix）借助想象力描绘的。
不管表面看来如何，德农实际的任务
是对藏品进行分类和记录。

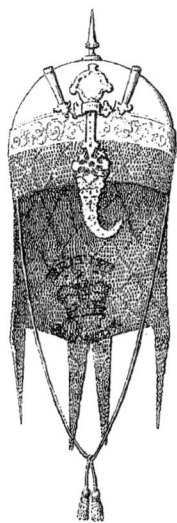

承其中的是广泛的信仰——相信人们能以物品辅助记忆，以图像和肉体保存并显示一种存在的光晕［这一概念与"记忆能量"（mnemonic energies）有奇特的相似之处，后者在阿比·瓦尔堡（Aby Warburg）的假说里深深扎根于西方文化的某些图像中］。[55]

如果有关珍奇的一些"精神"在德农的怪诞组合中始终存在，那么其再现最终还是依靠"石化"的形式，出现在记载或引用中，其来源是19世纪编年史中另一个重要的地方——古德里奇宫的"中世纪"庄园，哥特式和沃尔特·司各特爵士（Sir Walter Scott）风格的混合体，由塞缪尔·拉什·梅里克爵士（1783—1848年）建造于赫里福德郡（Herefordshire）。

梅里克接受过律师教育，在父亲和兄弟去世后继承了一笔可观的财产，这使他得以沉迷于中世纪神话传说，尤其是纹章和盔甲（这样的爱好虽然古怪，但也符合当时的时代精神）。1810年，他成为伦敦古董协会（Society of Antiquaries）的会员，十年后，他收集的盔甲多到占满了他伦敦住所的阁楼、楼梯甚至卧室，吸引了包括德拉克洛瓦（Delacroix）和邦宁顿（Bonnington）在内的著名人士前来参观。1823年，梅里克出版了三卷本的《关于欧洲特别是英国的古代盔甲的批评研究》（*Critical Inquiry into Ancient Armour as it existed in Europe but Particularly in England*），此书不仅使梅里克名声大噪，赢得了司各特爵士的尊敬和友谊，还使他获得了一项任务，即重整伦敦塔和温莎城堡的军械库。

梅里克效仿阿博茨福德（Abbotsford）"庄园主"司各

## 阿什顿·利弗爵士

阿什顿·利弗爵士（Sir Ashton Lever）
于 1775 年创建了利弗里亚博物馆
（Leverian Museum），位于他在伦
敦莱斯特广场（Leicester Square）
的宅邸里的一间套房内。藏品主要
是自然物，他称之为"全自然"博
物馆（'Holophusicon' Museum,
Holophusicon 是一个编造的词，意
思是"全部关于自然"——译按）。
这里每天都对公众有偿开放，展出
成千上万的藏品：化石、贝壳、鸟
类、昆虫、爬行动物、鱼类、猴
子，最引人注目的是一头大象和一匹
斑马。这座博物馆成了一个热门景
点。作家玛丽亚·埃奇沃思（Maria
Edgeworth）在小说《贝琳达》
（Belinda）中，描写主人公将一位朋
友的来信丢在一边，因为"我在信里
看到了有关利弗里亚博物馆的一些东
西，还有搭在一把园艺剪里的燕窝。
我怕接下去会看到一堆稀奇古怪的东
西，对这些我既没有兴趣也没有时
间"。1788 年阿什顿爵士去世时，他
的藏品被（用抽签的方式）出售并转
移到另一个地方（见第 206 页）。

雕塑家让－皮埃尔·丹坦（Jean-Pierre Dantan，1800—1869年）是维克多·雨果（Victor Hugo）、李斯特（Liszt）和肖邦（Chopin）的朋友，并为他们留下了风格夸张的非凡塑像。他对颅相学非常感兴趣，制作了一些怪诞和"讽刺性"的半身像，这些作品为他赢得了"客厅里的菲迪亚斯"的称号。他出版了两本书，《丹坦诺拉》（Dantanorama，1833年）和《丹坦博物馆》（Museum Dantan，1838年）。他的工作室位于巴黎北部的新雅典区（New Athens），在那里有一些意想不到的东西，会让人联想起珍奇柜，比如天花板上悬挂的鳄鱼。

利弗里亚博物馆的第二个馆址是一座圆形大厅，位于泰晤士河南岸的黑衣修士桥路（Blackfriars Bridge Road）。这里增加了有关民族志的藏品，包括库克船长（Captain Cook）从南太平洋带回的物品。该博物馆最终于1806年关闭。

在美国，博物收藏由一种热情所驱动，这种热情之中往往带有爱国主义色彩。艺术家查尔斯·威尔森·皮尔创建了一座博物馆，展出美国的动植物（对页图），并在1822年创作了一幅画，描绘其亲自为博物馆揭幕的场景。在背景中的展柜里，放有很多填充的鸟类标本，在前景中出现了美国火鸡，以及由皮尔本人参与挖掘的乳齿象骨骼。（在他之前的另一幅画里也出现过这一题材。）

特，在建筑师爱德华·布洛尔（Edward Blore）的协助下，于1828年建造了一座名副其实的中世纪城堡，另一个"用石灰和石头打造的浪漫之地"，专门用来存放他的藏品（事实上，他亲自规划了每一件物品的摆放位置，包括最小的匕首或中世纪武士的金属手套，而后来建造真正的房间时所使用的正是城堡的建筑材料）。

正是古德里奇宫的盔甲收藏，使得这座仿中世纪风格的奇幻城堡在珍奇文化史上获得了一席之地。当梅里克继续研究这个课题时，他逐渐意识到，收集和展示盔甲，把它们当作精湛工艺品的典范或令人印象深刻的展品，这一活动的历史可以追溯到查理五世（Charles V），他选择阿姆布拉斯宫

KEY HOLE OF THE ENTRANCE HALL AT GOODRICH COURT

在古德里奇宫，就连钥匙孔都是仿中世纪风格的，但这绝不是生搬硬套的模仿。

作为藏品的安身之地，在那里他的兄弟和继任者斐迪南一世及后来的大公斐迪南二世继承并壮大了这一收藏。"当斐迪南一世任波希米亚国王时，"梅里克写道，"1547 年至 1563 年，他开始在波希米亚进行大规模收集，他对盔甲情有独钟。一方面，盾徽展现了它们曾经主人的历史风采，另一方面，这些盔甲能令他忆起它们所经历的事件，他对这一特征尤为看重。它们组成了一支想象中的英雄队伍，他后来称之为'光荣之队'。在蒂罗尔时，大公得以逐渐整理他的藏品［……］在阿姆布拉斯宫里［……］属于他的伟大祖先的一组古代物品被纳入了艺术屋。"[56]

阿姆布拉斯宫盔甲收藏的陈列方式，为古德里奇宫提供了直接的灵感来源：所谓灵感纯粹是纸上谈兵，因为梅里克从来没有机会拜访那里，他只能通过他图书室里的版画和论著，在想象中重建它的样子。在盔甲之中，存在一个从"自然物"到"珍奇和古董"的过渡。古德里奇宫的门厅当然展现了中世纪风格和精神，而照亮巨大楼梯的灯是"希腊艺术式的，是为罗马人制作的，因为它是从赫库兰尼姆（Herculaneum）的废墟中挖掘出来的［……］灯上装饰的女性面具和马头，样式都非常精美，盖子的造型则是雅努斯（Janus）的头像。"门厅通向一个前厅，接着是一个"亚细亚"军械库，用阿尔罕布拉（Alhambra）的地砖和受到波斯艺术启发的壁纸装饰。一层还有一个气势非凡的大厅，包含骑士比武场景再现、礼拜堂、图书室、大客厅和早餐室，早餐室采用安妮女王风格（在当时非常高级），装饰有德累斯顿和塞弗尔（Sèvres）瓷器。

在二层，詹姆士一世大厅的后面是查尔斯一世（Charles I）专用的"王子卧室"，另一间卧室采用了"现代法式装饰风格"，还有一间则是希腊风格的，里面有许多希腊和伊特鲁里亚风格的罐子和花瓶。梅里克包罗万象、无穷无尽的好奇心，在古德里奇宫创造了一种奇观，对于后来蓬勃发展的世纪末折中主义而言，这是最早、最壮观的表现形式之一。

让我们再回到一层。最能令人直接感受到珍奇柜遗风的，是南太平洋展厅里堆积如山的展品，因为里面"装满了太平洋岛民的简陋武器、羽毛斗篷等。其中有库克船长从桑威奇群岛（Sandwich Isles）带回来的用热带鸟羽毛制成的战袍……"如果用现代人的思维去寻找将这些事物联系在一起的线索或逻辑，着实会令人摸不着头脑：这些能使基歇尔或伊莱亚斯·阿什莫尔着迷的民族志物品之所以出现在这里，无疑是对阿姆布拉斯宫的模仿，同时也是出于重建一套完整的武器和盔甲演变史的愿望。其实，珍奇柜的主题只是偶然地在这里重现，这些五花八门的奇异物品首先是与战争有关，这也是其最重要的性质。

由重建过去的（新）愿望所激发的，将不同空间联系在一起的行为，实际上正如其他地方所指出的，是现代博物馆中"按照时期布置展厅"的前身。某种意义上，我们又回到了原点：一种隐喻游戏和类比关系，在珍奇柜历史中以各种可能的形式蓬勃发展，达到令人目眩的高度，如今在这些辅助记忆的物品中找到其差异和对立之物，一种装饰或一个瞬间的残片，从此由对"历史真实性"的热情所驱动。对各种形式的知识的渴望现在已经一劳永逸地屈服于对历史的向往：如克莱夫·温赖特（Clive Wainwright）所总结的那样，阿博茨福德的沃尔特·司各特爵士和古德里奇宫的塞缪尔·拉什·梅里克首先想的是，把"他们想象中的昔日盛况重新引入他们的领地上"。

# V

# 重生：
# 好奇的精神

## RESURGENCES:
## THE SPIRIT
## OF CURIOSITY

英国收藏家和古文物经销商阿利斯泰尔·麦卡尔平（Alistair McAlpine）的珍奇室门口装饰有一只猿猴标本，这只介于生死之间的猿猴，是一个有力的象征。古人曾说"艺术是大自然的猿猴"（Ars scimmia natura），暗示着珍奇爱好者的角色很容易被颠倒过来，就像他们为模仿自然的艺术所痴迷一样。跟这幅图中的猿猴一样引人注目的，还有近几十年来的一股复兴潮流，即仿建（或再造）艺术与自然之间的模拟剧场，而珍奇柜正是其中的代表。珍奇柜美学见于 20 世纪从超现实主义到当代艺术的几大重要的艺术运动之中，20 世纪 70 年代以来，它还激发了欧洲日常室内装饰的许多灵感。超现实主义者钟爱的关于不协调物体的主题，在当代艺术中扮演关键角色的空间、背景和结构，在其中还可以添上这些家居装饰的场景，它们作为艺术作品本身是奇异的，虽然因其私人性质而不为外人所见。其"发明者"中有很多人同时也是版画爱好者，他们可能对 16 世纪和 17 世纪的图册目录十分熟悉，不过这只是珍奇文化显著复苏背后的原因或动机之一。

# 一个老收藏家 *An old collector*

在现代世界里，"珍奇柜"仍受到尊崇，但也渐渐隐居幕后，作为一个偶然出现的注脚，仅仅存在于科学史或魔法史的边缘地带，被大多数人所忽视。对珍奇柜保持关注的，只有一部分对古怪之物和艺术史的关键转折点抱有特殊兴趣的人［对于矫饰主义和巴洛克的重新审视到了 20 世纪初期才完成，得益于沃尔夫林（Wölfflin）及其在维也纳学派的史学同人的研究］。因此，珍奇文化在 19 世纪和 20 世纪之交有了一些回潮，在亨利—勒内·达勒马涅（Henry-René D'Allemagne，1863—1950 年）的作品中可见一斑。他是一位不太出名但十分多产的学者，也是一位永不满足的收藏家。

达勒马涅是阿森纳图书馆的管理员，拥有可观的财富，他为后世留下了许多奇特的作品，收录在一系列精美的四开本图书中，每一部都印刷了几百本。这一过程在他本人的指导下，大部分都是私下完成的（此事也为他在法国目录学史上博得了一席之地，因为这些不惜成本的图录，为它们所研究的主题提供了独一无二的珍贵历史材料）。他痴迷于存有历史印记和气味的古物：那些日常之物，必需却没有那么重要的物品。作为一套工具书，他的书中有大量的篇幅用来记录这类物品，比如扑克牌[57]、玩具和灯具[58]。

他的书中有三册是专门记录日常之物[59]的，可以直观地证明达勒马涅对于旧物的痴迷：这是一幅繁密的早期生活的立体图景，众多物件构成一个不可思议的组合，包括厨房用具、电扇、玩具、针线盒、音乐盒和各种用途的工具。铁制品被赋予了特别重要的地位，不管是在此处还是在达勒马涅的整个收藏中（他关于这一主题的研究著作至少有三本，分别写于 1891 年、1902 年和 1943 年，而其他书的章节中涉及的铁制品就更多了）。这些制品工艺精湛，介于"艺术"和技术之间，自然地引导人们将其与珍奇柜中的巧夺天工之物相比较，这也是达勒马涅对珍奇柜这一主题显示出兴趣的

## 亨利·达勒马涅

亨利·达勒马涅宅邸一层，"大办公室"（grand bureau）尽头的墙体的一部分（上图）。它给人一种模糊的印象，即元素的惊人积累和组合占据了走廊的每一个角落。受到 16 世纪初绘画样式的影响，墙壁被绘有视错觉画的画布覆盖。亨利四世时期的祭器台和嫁妆箱与 16 世纪末的椅子共处一室。木雕、石雕和青铜雕塑与黄铜制品、古董锁具并置。

陈列架（对页）占据了两个窗户之间的空间，上面放有匣子、座钟、15 世纪及 16 世纪的世俗和宗教青铜雕塑。

早期迹象。

　　他的书中有几百件藏品的照片，这些藏品有相当多（即使不是绝大部分）来自他自己的收藏。在达勒马涅看来（梅里克也有同样的观点），几乎所有物品都是可以被收藏的。和梅里克一样，他的家同时也是一座博物馆，这个引人入胜之地囊括了从哥特到路易十五时期的各种风格，从法国各地的手工艺品到叙利亚的镶嵌制品，其条目收录在两部书中，一部是文字版本，另一部是图绘，都为记录其非凡的珍奇收藏而作。《一个老藏家的家》（*La maison d'un vieux collectionneur*）一书出版于1948年，构成了从龚古尔（Goncourt）兄弟到马里奥·普拉兹（Mario Praz）的传统（通过物品展示出生活方式，与物品本身的生命一样重要）的一部分（虽然缺少他们的风格）。该书将达勒马涅的收藏放置在历史之中，唤起了与"艺术屋"的某种联系。书中有一些描绘达勒马涅藏品的图画，在当代眼光中，它们象征着20世纪早期对于小型室内装饰品（Bric-à-Brac，这个词汇来自维多利亚时代，指古玩收藏里的小艺术品，例如精心装饰的茶杯和小花瓶、瓷俑、微型画等）的无限狂热，这些画似乎唤醒了人们对珍奇柜的无意识怀旧（类似于普鲁斯特当时提出的"无意识记忆"的概念）。但这个例子仅仅代表了各种可能性中的一种，这是我们首先要寻找的一种假定的可能性，为此我们要收集尽可能多的例证。这里的珍奇柜只不过是众多重构场景中的一个，正如它可能被归类在学者研究中的逸事或者文本中不重要的部分，是一种业余爱好的表现。

## 引发神秘感之物 *The object made mysterious*

　　现在，让我们转向安德烈·布勒东1936年发表于《巴黎周刊》（*La Semaine de Paris*）的一段长篇描述："今天，1936年5月22日，位于马里尼昂街14号（14 rue de Marignan）的夏尔·拉东画廊（Charles Ratton Gallery）邀请我们去参观超现实主义物品展的预展。在图录里约两

## 布勒东和超现实主义者

巴黎布兰切街公寓中的安德烈·布勒东（André Breton），由吉泽尔·弗伦德（Gisèle Freund）拍摄。布勒东一生都致力于收藏事业，他将来自世界各地的各种物品——来自非洲、大洋洲的，超现实主义风格的，充满当地特色的，有魔力的物品——精心搭配，装饰在他书房的墙壁上。鉴于该收藏就整体而言具有非凡意义，巴黎的蓬皮杜艺术中心已将其全部收入馆内进行保存和展示。

百件参展物品中，我们发现了'自然之物'，矿物质（含有十万年前水滴的水晶），植物（食虫类品种），动物（一只巨大的食蚁兽，一个神兽'oexpyorhix'下的蛋），'对自然之物进行演示'（在蕨类植物中间的一只猴子）或'融入'雕塑中的物品，以及'被扰乱之物'（也就是被自然之力，如火、风暴等改变了形态的物体）。在此次展览中，来自毕加索工作室的几件作品首次公开，并颇具历史意义地与马塞尔·杜尚（Marcel Duchamp）著名的'现成品'（ready-mades）以及'利用现成品制作的作品'（assisted ready-mades）相邻展出。最后，还有所谓的'野蛮'之物，来自美洲和大洋洲的几件极为精美的圣物和面具，精选自夏尔·拉东的私人收藏。"

"数学对象"是以惊人的方式对三维几何中最微妙的问题进行具体呈现的形式，而"现成的对象"和"经过诠释的现成对象"将我们引向"超现实主义对象"。[60] 这些奇特、不寻常和怪异的东西，与珍奇柜中可能陈列的物品，都明确属于现代主义的实体和心理空间，介于杜尚的"现成品"和毕加索创造的奇异物体之间，现在二者的传承关系或联系清晰地显现出来。许多超现实主义者，自布勒东和艾吕雅（Eluard）起，都是狂热的收藏家，这一点并不令人惊讶。因为从一开始，作为一个对象的物体，无论是平常的还是奇特的，工艺品还是艺术品，处于自然状态还是与其他事物相结合，在超现实主义的感观和审美中都起着至关重要的作用。

处于如此核心的地位，在精确定义方面自然要付出相应的代价：与物体的真实性一样重要的是它的"内部形式"，即它在精神世界的投影，"呈现给精神的图景"或自然"与内在感知之间的关系"。[61] 这种二元性的本质影响是"一种极其陌生的感觉，一种令人异常不安和复杂的性质"，或者说是"感觉的迷失"。

物品所具有的"奇异属性"一直是珍奇文化的核心：那些稀有之物"偶然"或次要的特征，因其稀有而很少为人所见。这是一种隐秘的魅力，但在收藏者的动机中是必不可少的，他们既想让别人惊奇，又渴望让自己惊奇。自相矛盾的是，珍奇柜中每一件物品的奇异属性，恰恰是对某一种现实最确切的保证：它为遥远的文化提供活生生的证据，或是揭示自然界中隐藏的神秘之地。物品这种出入于假定的现实之间的功能，在超现实主义中被放到了中心地位并进一步夸大，从相反的角度而言，它是一种引起争论的维度，一种质疑现实及其所有证据的辩证法。布勒东曾引用过阿尔伯特·贝金（Albert Beguin）[62] 的一段话："事物根据那些无法诉诸语言的法则进行归类——这种法则来自外部的偶然事件或难以衡量的、随意的无意识心理活动，此种归类将事物从世俗的日常意义中剥离出来，使其神秘化而重获自由，能够承载一种神秘和非理性的意义：被神秘化的［……］是'现实'，一种多方面的现象，被超验讽刺之火所毁灭。"

下图　夏尔·拉东画廊举办的超现实主义展览，巴黎，1936 年。曼·雷（Man Ray）拍摄。

超现实主义孜孜不倦地 "诋毁理性的人和事物", 一个接一个地重新发掘珍奇文化中变化不定的因素, 以释放它们的潜在价值。首先是物体在本质上的非功能性。早在 1924 年, 布勒东就提出要创造 "一些只有在梦中才能接近的物体, 它们无论在实用性还是装饰性上似乎都是站不住脚的" [《关于 "极少的真实性" 的演讲梗概》(*Introduction au discours sur le peu de réalité*)]; 十年后, 他梦想着 "利用高超技术制造没有用途的机器" "我们始终无法付诸实践的 [ …… ] 巨型城市的规划方案" 和 "做任何事情都不如人类的的荒谬而高度复杂的自动机械"。[63] 这些不可能存在的奇怪玩意儿, 在高质量的珍奇收藏所必不可少的众多无用之物中, 显然占有一席之地。

对华丽铺张的推崇, 对大众常识的拒绝以及对精力的无谓浪费——具备这些特点的超现实主义之物所极力建构的 "无序", 正是启蒙运动将珍奇柜逐出其文化领域的主要原因之一。与之相似的是, 珍奇文化的另一个主轴, 即物体所具有的隐喻性内涵和力量, 以 "系统的无序" 的形式再现于超现实主义中。珍奇柜将自身视为世界剧场、造物的隐喻, 暗含宇宙和谐的秘密, 而超现实主义的物体将两个不和谐、不同和 "不可调和" 的同等现象 "联系" 在一起, 正如莱布尼茨 (Leibniz) 所说的那样 [据布勒东回忆, 超现实主义的基本历程, 增强了洛特雷阿蒙 (Lautréamont) 的重要性, 让 "两种遥远的非现实在不合适的地方偶然相遇"]。[64]

超现实主义迷恋于在事物之间建立联系的游戏以及虚幻神秘之事, 并从中提取了一些元素, 把它们颠倒过来, 像马克思运用辩证法那样, 倒置了隐喻的用法。它远没有包含和反映关于存在的层次体系, 而是在 "系统性迷失效应的文化" 中扮演核心角色。它指向另一个现实, 不再回到令人安心的、拥有神圣秩序的理性世界, 而是转向了反常的、支离破碎的、有关梦幻与奇迹的世界。

et sois celle qui dirige l'orchestre

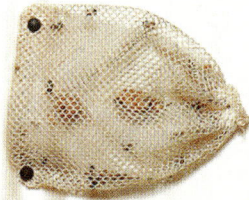

de tes doigts          aux huppes          de phosphore

...phée                                    dans tes cheveu...

                        comme la terre

on désir                                   qui pâlissent

                        et l'eau

...ondus                                   le matin

accentue le charme

New York, novembre 1941
Juli Bress...

## 精致之物 *Items of delicacy*

超现实主义间接地重新发掘了珍奇文化中的某些母题，而在 20 世纪 40 年代，艺术屋史学家、收藏家、建筑师的职责，却是由一个默默无闻的人所承担的。让－夏尔·莫勒（Jean-Charles Moreux，1889—1956 年）大约从 1925 年开始他的职业生涯，起初他是一名现代主义者，但很快就对一场不断重复功能主义僵化口号的运动感到厌倦。1937 年，一次"威尼托旋风之旅"诱使他"意识到自己的新任务"。他欣赏帕拉迪奥（Palladio）的作品；他对建筑史抱有兴趣（这是他一本书的主题）；他希望重新发现装饰的用途，并通过探索比例、光学补偿和对"优美"风格的全新诠释，使得建筑更"人性化"；最后，他意识到了地区传统和本地技术的重要性，这一切使他成为现代

让－夏尔·莫勒与博莱特·纳坦森（Bolette Natanson）密切合作，直到 1936 年纳坦森英年早逝。据传他们是一对恋人。纳坦森出身于一个著名的艺术爱好者和收藏家家庭，自己也从事家具和其他物品的设计。她和莫勒一样喜欢"自然物"，并把化石和贝壳融入他们的家具设计。他们会一起旅行以丰富收藏。她在巴黎沙尔格兰街（rue de Chalgrin）的公寓里有一个房间（对页图），摆放着珊瑚和水母。她于 1930 年开设了自己的店铺，在店里摆出了一张如对页图前景中所示的桌子。莫勒在他位于巴黎的公寓和乡下的房子里，都留出一些房间存放他的藏品。玻璃罩和珊瑚的组合是由他和纳坦森共同完成的。

新古典主义运动的早期倡导者，这股风潮时至今日仍在流行并蓬勃发展。作为一名建筑师、装饰家、设计师和档案管理员，他的设计包罗万象，从家具到铁制品，从挂毯的花纹到花园平面图；与此同时，他的客户既有富人，也有卢浮宫这样的机构，他在卢浮宫负责一些展厅的翻新工作。

他自己的公寓里有一间"珍奇室"，每个角落里都有一件家具，专门存放包含相关元素的物品。他在此展示了他收集的矿物、化石、贝壳和水晶，其陈列架上装饰着博罗米尼（Borromini）风格的三角楣。而他收集的"古怪物品"，被陈列在一个镶嵌着彩色大理石的文艺复兴时期的柜子中。此外，针对珍奇柜这一主题，他还写了大量的文章，并做了很多研究。

根据莫勒的说法，珍奇之物有三个主要特征。可以想见的是，其中的第一个特征接近超现实主义："在面对意料之外的情形时，多多少少会出现的强烈反应所表现出的惊奇效果。"[65] 对于莫勒这样的理性主义者来说，这种惊奇既不能简化为一种简单的效果，一种转瞬即逝的情绪，也不能自我消解："不仅如此，它几乎是通过自发的方式，激发了人们对知识的渴望。还有最后一点，它挑逗了视觉，娱乐了头脑，其效果与它的稀有程度成正比，而且它的'触感价值'是无可争议的。"

"触感价值"——我们不应惊讶于莫勒对这一品质的重视程度，它是最基本也是最表面化的。对形式的感官体验，对某一物体性状、质感和设计的热切关注（特别是来自大自然的物体），是他创作的基本条件之一，由此可见莫勒对"触感价值"的重视。例如，他围绕化石的螺纹图案设计灯具，使用一个特大号的鹦鹉螺，将磨砂或铅白橡木雕刻成桌腿，并将这种材料和工艺应用于其他许多家具的设计。

"求知欲"：对莫勒来说，这植根于对

自然物的敏感，以及它们的构造所引发的沉思。这种联系可以说是直接的："一个罂粟籽头，它的外皮被各种元素侵蚀，只剩下光秃秃的内部结构，让人想起被风精灵希尔芙（sylph）丢弃的王冠（中世纪炼金术士帕拉塞尔苏斯在其著作中提出了'元素论'，将世界分为地、水、风、火四种元素，每种元素各有一个精灵掌管。——编按）。一具只剩下几根羽毛和一只眼睛的鸟类骨架，成了噩梦的素材。绿铜矿（属于铜的一种）晶洞，其中有无数隐约连在一起的色彩奇妙的水晶，就像《寻爱绮梦》（*Hynerotomachia Polyphili*）中某一座奇怪石窟的微型版本。一块化石可能会让人联想到许多熟悉物体的形象，但是在这种联想的过程中，它们都变形了：通过类比，三叶虫可能会变成一个布满古怪图案的黑人面具；菊石（已灭绝的头足动物，与螺近缘）变成了从黄道十二宫落到地球上的摩羯座的金角；鹦鹉螺贝壳的横切面，是等速螺线方程（equation of a spiral of equal growth）最为真实、动人的呈现。"[66]

从这段辞藻华丽的长篇大论中可以看出两条线索。第一个是对自然物之数学结构的瓦莱里式（Valéry-like）迷恋，伴随着表面的不规则性与隐藏其下的编码系统之间的张力。第二个是传统的主题，即自然是艺术的创造者，艺术反映并服务于自然的奇迹（"自古以来，人类被自然物体的形状、颜色以及触动情感与记忆的力量所深深吸引，于是用艺术手法对它们加以描绘，倾注全力以求精准再现"）：这是具有重要意义的辩证关系，正如我们所看到的，在莫勒的实践中，它成为一个附加的历史主题，在每一个物体背后增添了能唤醒人们回忆的微弱光芒。

尺寸的概念激发了莫勒的想象力，他把珍奇柜里的贝壳和矿物与浑仪、经纬仪和十二面体混合摆放在一起，这些奇妙之物"之所以被人欣赏，不仅因为它们是满足特定需求的工具，还因其形状和内在的美"[67]，其中预设了对于展示方式的重视。"德·卢恩（De Laune）和德·古尔蒙（de Gourmont）、韦里奥特（Woeiriot）和博伊文（Boyvin），贝班（Bebam）和德·布里（de Bry），设计并雕刻出极为精美的镶边和涡卷饰，波纹状的图案，怪诞的摩尔式装饰图案，边框和支座上镶有乌银"。而莫勒清楚地意识到，珍奇柜既是展示奇异之物的剧场，又是对一种特殊类型空间的定义：一个被分割开来、框住再被环绕和嵌入的空间，一个物体嵌套在另一个物体中，向后延伸到无限远，并开辟出无数的新空间。这是一个被包围的领域，车工工艺是其中的极端案例、终极表现和焦点所在。木材或象牙被车削成中空的护套。莫勒用生命中的最后几个月，来完善自己为一个"珍奇柜"主题展所做的设计，这并非偶然。展览于 1956 年 7 月在巴黎橘园（Orangerie）举办，展品中除了自然的珍品之外，"精致的物品"（pièces de délicatesse）占据了一个显要的位置。

> 我们可以把约瑟夫·康奈尔（1903—1972）的作品《博物馆》（Museum）看作珍奇柜的便携版，以简化到极致甚至有些荒谬的方式，表现了珍奇柜所包含的把一件东西装进另一件东西里的热情：从家具到架子，从抽屉到盒子。

## 奥伦城堡：以猫鼬图案为例

*Château d'Oiron: the case of*
*the Ichneumon*

从 1990 年开始，在普瓦图（Poitou）和卢瓦尔（Val de Loire）交界处的奥伦城堡（Le Château d'Orion）内开展的各种项目，提供了关于珍奇柜实质的一些研究范例。

在此，珍奇柜被明确地当作艺术的主题来表现，而不是简单地被视为历史资料的来源、一个重要的主题或参照系。发起这个项目的让·于贝尔·马丁（Jean Hubert Martin）拒绝了历史主义者重建原始布局或室内环境的做法，而是邀请来自不同国家的当代艺术家，在城堡内以他们自己的方式对珍奇文化的元素和精神进行阐释。（"珍奇柜在某种程度上成了这些委托作品的总体方案。"马丁这样评论道。）[68]

该项目的出发点和历史依据是城堡内的

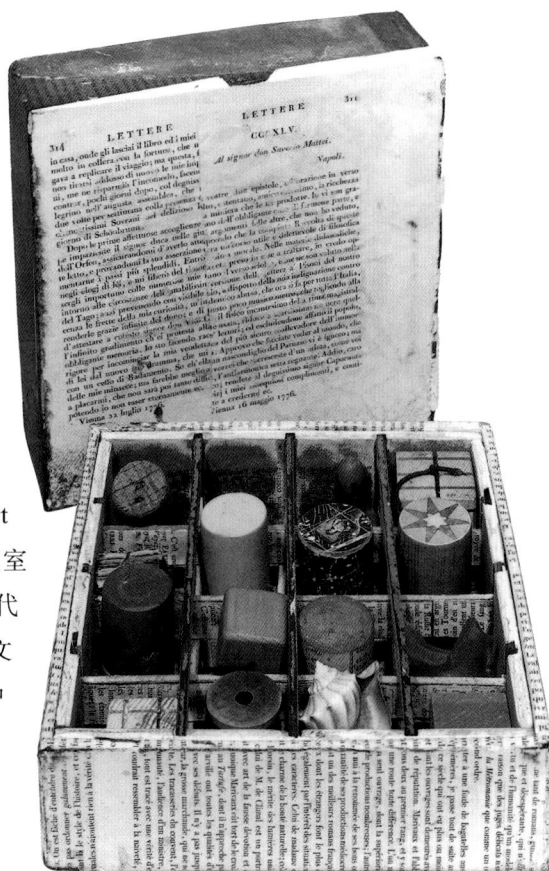

一座珍奇室［城堡由克劳德·古菲耶（Claude Gouffier）重建于16世纪上半叶，他是弗朗索瓦一世时期杰出的军事领袖］。这座珍奇室的一些遗迹幸存下来，散落在室内：如挂在墙上的一条鳄鱼、画有一对猫鼬的视错觉画、斑驳大理石上的绘画、罗马皇帝的雕像，以及一只美人鱼和兔子的混合体图案（可能是对海豹的变形）。在经历了漫长的历史偏离之后，珍奇室中物品的遗存或隐喻，开始了新的嫁接和移植的过程，以及意想不到的再创造。

　　围绕这些关键要素的，是本书前几章中出现的一些主题：珍奇柜所具有的包罗万象的雄心壮志；对于绝对知识的努力追求，以及这种努力的徒劳性；理性和魔法之间的辩证关系；与古代知识体系的联系；分类的规则（和谬误）；对生命起源的迷恋（通过石头和贝壳化石表现出来），对亚人类或超人生物的迷恋；"非正常尺寸"的人类，从矮人到巨人；生与死之间的辩证关系；最后，也许是最能说明问题的，是求知过程中遇到的错误和推论所构成的不竭创造力。在我们看来，这代表了珍奇柜美学原则的基础，其中不易察觉的

## 康奈尔

════════

美国艺术家约瑟夫·康奈尔将珍奇柜视为重要的灵感来源，并发展出一种名为"集合主义盒子"（box assemblage）的艺术风格。这是一种三维的拼贴形式，试图在尽可能小的空间里，将本不相干的元素聚集在一起，从而创造出多重的诗意共鸣，激发观众的联想力。

## 奥伦城堡

位于法国中部的奥伦城堡是一座
文艺复兴时期的宅邸,在 20 世
纪和 21 世纪完全投入珍奇柜实
践之中,探索这一艺术形式的各
个方面及其对当代文化的映照。
它最初的建造者是克劳德·古
菲耶。艺术家纪尧姆·比吉尔
(Guillaume Bijl)对第一个珍奇
柜(对页图,其中藏品的主人以
蜡像的形式出现)的重建,反映
了人们无法挽回过去却又抑制不
住地想要追回过往的欲求,他认
为这是所有收藏活动背后的冲动。
同时这也是对大众旅游的批评。
这尊蜡像集中体现了这种重建中
所包含的模糊性和讽刺性:它周
围的装饰物组合成一种已消失的
文化的象征,与此同时又消除了
其中的意义。

**上图** 传统上文艺复兴时期的
城堡中会有一间肖像馆,用于
展示主人家族的肖像,也许还
包括皇室成员的画像。克里斯
蒂安·波尔坦斯基(Christian
Boltanski)对这一传统的变形
(或歪曲)是用伦敦学童的照片
取而代之。

复杂性已经在托马斯·布朗爵士的作品中已初见端倪。奥伦
城堡的猫鼬[或画布上所写的"伊克尼蒙斯"(icnéfmons)]
在这里象征着所有的杂交生物、大自然的畸形产物以及人类
拼凑出的动物,这些纷繁之物照亮了珍奇柜的历史,其中包
括独角兽、牛黄、曼陀罗和天堂鸟。

"将观众带入一个充满想象力的世界,吸引他们进入一
种叙事之中,其中包含角色扮演和投射"[69],这是该项目的
创作者们提出的出发点。能引起人们的惊叹,是珍奇柜中任
何属于异域或魔法领域物品的基本属性(同时这些物品也激

在奥伦城堡，古菲耶的文艺复兴画廊的窗户之间，有一系列身穿盔甲的巨人的肖像画，模仿的是阿姆布拉斯宫的一个相似景观。其现代版本（右图）出自艺术家丹尼尔·施珀里（Daniel Spoerri）之手，是一件三维集合艺术品，创作于《夜间勇士》（*Warriors of the Night*，1981—1985 年）和《尸块》（*Body in Pieces*，1990 年）之后。这个经典"战利品"的怪诞版本，混合了假肢、非洲面具、木马的头部、河马头骨、工具和厨房用具。对废品和垃圾的迷恋在艺术中已有先例，而集合艺术的观念质疑了物体作为一个有机整体的概念，并进一步对统一性和主观认同这一整套观念提出质疑。

发了收藏家最重要的激情，这一点几乎是公开的），此时这一属性更进一步转变成一个彻底的推测性主题。很明显，这不再是"相信"一种奇异之处或神秘特性的问题，也不再是假装相信甚至半信半疑的问题（就像热切的收藏家从完好无损的天堂鸟身上撕下它的爪子一样，因为它们有悖于天堂鸟作为永恒飞翔之鸟的神话地位），而是要探究这种欲望的根源、动机和机制，揭示它所隐藏的一切，在所有可能的结果中，探寻放大、迂回、偏差、借用、创造的相互作用（无论其联系有多么微不足道），它们共同滋养着世界上各种各样的奇迹。

艺术家托马斯·格吕费尔德（Thomas Grünfeld）为奥伦城堡创造了一系列"怪异之物"，若是传统的珍奇爱好者一定会争相收集这些不存在的动物。"独角飞马"（Pegasus-Unicorn，下图）用水牛角代替独角鲸（后者属于典型的珍奇柜藏品）的角，用一头长着翅膀的驴子代替了飞马。

与此类似，当代艺术在新的应用中重新发现了珍奇柜的第二个基本主题——艺术与科学、艺术家技艺与自然力量之间的区分（和关系），从而使被历史分隔的边界区域重新结合起来。正如马丁所说："艺术的疆域被艺术家们的探究性方法极大地扩张了，他们宣称自己掌握了大量的人文科学和自然科学知识，以便对其进行转换或借用，使之服务于自己的艺术需求。"[70]如果奥伦城堡项目的目标像许多当代艺术家一样，是再次并且几乎是系统地回到珍奇柜发展史的主题中去，那么此举需要付出的代价，或者说需要满足的条件，至少是将这些母题进行有序的倒置。

此一过程的核心主题，自然会和阿达尔吉萨·卢利的分析中的基本原则不谋而合，即大量积聚物品。这种积累本身可以有多种不同的解释，其中最直接的解释是社会学意义上的，即认为这一过程是对西方社会典型的过度生产和过度消费的戏仿与批判。但是，这种现象的另一个方面吸引了马丁的注意，那就是品味的作用。正如我们所见，它最终在珍奇柜的历史上起到了决定性的作用。["积累物品的行为，在古典主义时代曾经被贬低为庸俗跟风，如今它的高贵传统得以重新发现，在众多艺术

马里奥·梅尔兹（Mario Merz）的作品《尼日尔鳄鱼》（*Crocodile of the Niger*）以一种出人意料的方式，在最遥远或者说最真实的语境下，再现了珍奇柜中无疑是最具象征意义的元素：悬挂的鳄鱼。天花板被故意设计得很低，由霓虹灯照亮。

家手中成为令人信服的审美现象，其中最广为人知的是阿尔曼（Arman）"。] [71]

对社会或品味的批判——在更深层次上，对马丁和卢利来说，积累行为成了美学批评甚至美学危机的基础。当卢利唤起非连续性的力量时，马丁将注意力集中在对"异质性"原则的推崇上。在他和他所召集的艺术家眼中，将各种不同物品并置的行为，是一种破坏性力量，不仅打破了"统一"和"作品"的概念，而且从整体上打破了创作者和本体的概念。从博伊斯（Beuys）到布罗泽尔（Broodthaers），从奥登伯格（Oldenburg）到波尔坦斯基，奥伦城堡项目从中汲取灵感的这一谱系，让人想起卢利勾勒出的脉络，其中或许有一个独特的位置是属于施珀里的，他的作品《感伤的博物馆》

（*Musée sentimental*，蓬皮杜中心，巴黎，1979 年）引起了奇异的共鸣。根据马丁的描述，这件作品"汇集了我们历史上的遗存和神圣之物。这里杂乱无章地摆放着布朗库西（Brancusi）的指甲剪，塔列朗（Talleyrand）的矫形鞋，装有维克多·雨果一生中不同时期剪下的头发的匣子，杜尚的咖啡匙，马格利特（Magritte）的圆顶礼帽，凡·高（Van Gogh）在奥维尔小镇（Auvers-sur-Oise）的卧室里的家具，兰波（Rimbaud）的手提箱，保罗·麦卡特尼（Paul McCartney）用过的粉扑，还有安格尔（Ingres）的小提琴"。[72] 对德农圣骨匣的令人目眩的重现，随时间而不断变换，它本身就是珍奇柜黄金时代的象征性总结，只保留了珍奇柜的一个要素，却是最基本的：珍奇柜里的（名义上的）非凡

被缩减成一个小橱柜的珍奇柜。娜塔莎·尼科尔森（Natasha Nicholson，出生于 1945 年）的这件作品是一个个人神话的载体。

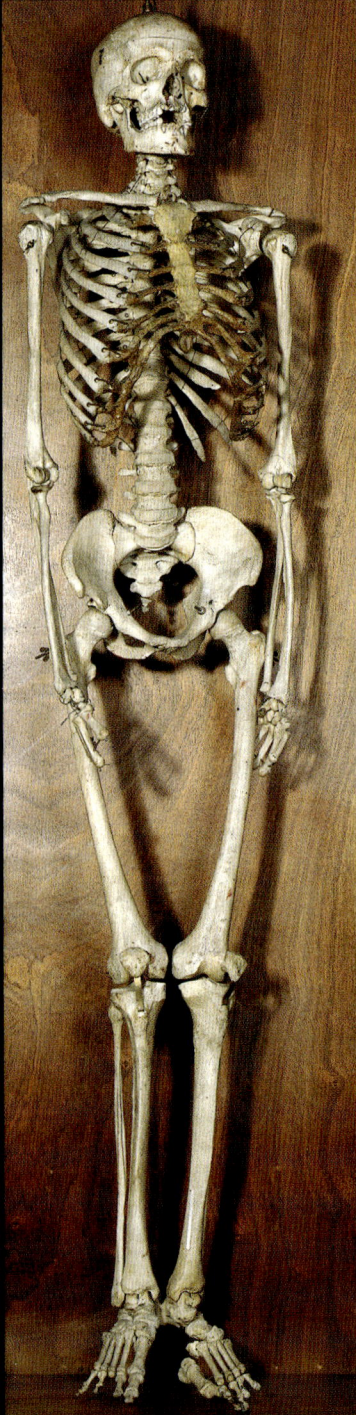

ANGEL

LELUM

HOMO

BRUTU

PLANTA

物品仅仅是对它们自身的一种粗暴而平庸的滑稽模仿，这里的（价值观）革命已经经历了一个轮回。

这并不是全部。马丁继续说道："艺术家在一本'小目录'中对每件物品的历史进行了忠实的描述，从而遵循了一个收藏家在传统意义上获取、扩展和重新定义自己收藏的方式。他还强调了'由物品所承载的历史和神话编年史的辅助价值'。"到目前为止，我们在奥伦城堡中对框架、借用和命名进行了考量，经历了描述、评论和叙述的过程，这一过程延长了对象的生命，给予它定位和深度，为其提供了（戏仿的）出处或历史，同时赋予它合法性。另一种形式的框架和借用以及主题的新变化是由这样一个场景提供的：它既具有历史性又具有幻觉性，引起各种形式的偏差、混合和失准，对有关珍奇柜的历史记录进行系统性破坏。围绕着蜡像，艺术家纪尧姆·比吉尔"重建了克劳德·古菲耶的珍奇柜，[……]其中包含再现这个五花八门的收藏所需的每一个元素[……]：机缘偶得的各种珍奇和怪异之物，包括动物标本、贝壳、学术作品、科学测量仪器、武器等。托马斯·格吕费尔德想象出了一群不存在的杂交动物，比如一只"独角飞马"，它生着驴身和天鹅翅膀，头顶还有水牛角。与此同时，托马斯·于贝尔（Thomas Huber）继阿尔德罗万迪和鲁道夫二世之后，将侏儒作为恋物癖对象，以此为快速发展的珍奇柜提供一幅终极的令人不安的景象。[73] 于贝尔评论道："物体，作为仅存的可见元素，就是存在和表象的统一体破裂后所剩下的一切。"

## 间断的空间 *The space of the discontinuous*

除了莫勒的个案和超现实主义者们的对应游戏之外，人们不得不等到 20 世纪的最后 20 年，才能目睹某一物品突如其来的华丽重现，它似乎已被最终划入历史的边缘，只有那些一头钻进故纸堆的人才会感兴趣。1983 年，来自欧洲各地的历史学家和其他学者齐聚牛津，纪念埃利亚斯·阿什

## 现代珍奇柜

就像聚集在奥伦城堡的艺术家们一样，马克·迪翁（Mark Dion）的作品《世界剧场－柜子》（*Theatrum Mundi-Armarium*，armarium 的意思是图书馆的柜子）明确地指涉了珍奇柜的想象世界。这件安置在剑桥耶稣学院的装置作品创作于 2001 年，是与雕塑家罗伯特·威廉姆斯（Robert Williams）合作完成的，它也唤起了西班牙神秘主义者拉蒙·勒尔（Ramond Lull）的思想。勒尔眼中的宇宙是如此构成的：上帝，天使，空气，人类，动物，植物，火和石头。在迪翁的版本中，上帝的形象无从想象，天使被孩子们的玩具、录像带等物所代表，空气由鸟和蝴蝶代表，人类对应的是头骨和书籍，动植物则对应干标本。

莫尔，从而复活了珍奇文化史上所有沉睡的珍宝。[74] 在同一年（这种巧合是本书的来源之一，同时提供了写作的理由），意大利艺术史学家阿达尔吉萨·卢利出版了一本大画册，其中探讨了尤里乌斯·冯·施洛塞尔在四分之三个世纪前提出的主题：在《自然与奇迹》（*Naturalia et Mirabilia*，米兰，1983 年）中，她追溯了珍奇收藏的起源和分支，同时描述了这一现象在 16 世纪和 17 世纪的发展历程。她对该主题的探讨，引领了此后一系列相关出版物和展览的面世。

1995 年卢利与世长辞，值得玩味的是，她既是一名历史学家，又是珍奇收藏现象的解释者——某种程度上是一名直接的翻译：她的书出版后不到三年，她参加了第二届威尼斯双年展，组织了一个名为"珍奇屋"（Wunderkammer）的展览，用平行蒙太奇的方式展示了珍奇物品和当代作品。

对卢利来说，现当代艺术与艺术屋之所以可以建立联系，是基于堆积和拼贴在前者中的根本性地位，及其对材料异质性的迷恋，对作品"环境"的重视，包括它周边的事物和所处的情况，使得它被嵌入特定的空间之中。矛盾的是，当代艺术中看似最极端的主题——质疑可见之物的虚幻统一性、空间的连贯与分割、形状甚至色彩的分解与切割——都是对最古老形式的呼唤，就像一种颜色可以"唤醒"另一种颜色一样，它们唤醒了珍奇柜的结构和主题（"……如果说组合和错位是当代艺术中两种普遍存在的手法，那么它们仍然源于对奇异和非凡之物的热爱这一悠久的创造性传统"）。[75]

基于看似武断实则（本质上）合理的联想——就像珍奇柜是建立在类比、相关性或个人风格基础上的——集合艺术使得艺术家变成了与收藏家一样的秘密造物者，他们都试图掌握大自然的奥秘。现代艺术家沉溺于创作自由、无意识的流动、身份的丧失或获得，沐浴在曾经笼罩收藏家的朦胧迷幻的光晕之中。这里有一种对称性，因为"传统上，收藏为许多无法被归为同类但有着极为大胆的关系的物品提供了存放之处。大多数情况下，事物之间的联系都是在存放地建立起来的，实际上，是建立在物品本身的核心之中，从而产生了各种各样的可能的融合。"[76] 因此，珍奇柜中潜藏着20世纪美学的一些基本思想和驱动力。其产生的间接而又偶然的影响，对现代艺术家而言是如此重要：作为混合的媒介、邂逅的场所、隐藏意义的揭示者，我们一再强调其重大意义的这一空间，再次成为至关重要的维度，构成艺术创作的基本原则。

在集合艺术和珍奇柜之间潜在的对应关系背后，卢利切实看到了"支配人与世界之关系的两大原则——连续和间断的感觉"。[77] 在珍奇柜封闭的世界里，它被归结为微观和宏观的对称性之间的相互作用，以及按照想象的线索反复进行的安排，以便在现实的凌乱和间断中，即外部世界的混乱中，建立一种连续性的感觉。(我们必须再次确认收藏者在多大程度上意识到了这种连续性是一种幻觉，这是一个令人着迷同时模棱两可的主题，值得进一步研究。) 同样，集合艺术品被框起来的表面也加强了"统一感，物体、形式、图形和潜在基础之间的融合感，还增加了使它们产生相互作用的可能性，以及在这些不同片段的基础上推演出一个完全统一的组合的可能性"。[78]

## 框架内外 *Inside and outside the frame*

异质或"零散"的物体在一定范围内被"任意地"组合在一起，在"不可定义的边界"上直面观察者：也许仍有某种意义存在，但它是一种流动的、不可理解的东西——"客体"从所有意义上说都避开了主体，无视他对理解的要求，使他不得不面对自己对事物的无能为力。对卢利来说，这是珍奇柜和现代文化的另一个连接点，或者至少是相近之处。丢勒的《忧郁》(*Melancolia*) 和德·基里科 (De Chirico) 画作的形而上的内部空间，二者没有实质性差距：在这两种情况下，混乱的物体集合"延伸"了某个人物形象，或诉说了这个人物不能说的话，或抹去了他，或取代了他，只留下了一些痕迹。正如我们所看到的，他与文化中的象征和寓言或

与让·廷格利 (Jean Tinguely)、妮基·德·圣法勒 (Niki de Saint-Phalle) 交往甚密的法国艺术家拉兰夫妇 (François-Xavier Lalanne and Claude) 是当代艺术界最独特的夫妻档之一。拉兰的成名作是将动物转化成其他物品的雕塑 (比如绵羊-座椅，犀牛-桌子，鸵鸟-托架)。他构想了一个由八件"珍奇物品"组成的系列作品，取名为《苍蝇的记忆》(*Flies' memory*)。在该作品中，来自自然界的苍蝇成为艺术，而作为艺术品的陶器，经过时间的洗礼，成了自然的一部分。一只银色的苍蝇停在了来自古典时代的药膏罐上，强调了作品作为"死亡警示"的含义 (纪念碑和金字塔都倒塌了，而苍蝇却活了下来)。

忧郁症的病理学联系在一起。相应地，珍奇的收藏者，被无生命的形体所吸引，陷入了自己的幻想之中，不断受到"混合"的威胁，这种混合是他留恋与"生命"相反的静止状态所带来的。如果他声称抓住单一的方面便能掌握整个现实的复杂性和无限多样性，他就会发现自己不断被这种复杂性所挑战和超越，并冒着在幻想中迷失的风险。

　　部分与整体之间的紧张关系，正如在珍奇柜中以多种形式表现出来的那样，在现代的集合艺术中展现了它的雄辩之力。它不断地质疑、解构（或重新建构）统一的概念（无论是形象还是观者的统一），成为一种有关普遍错位的理论工具。珍奇柜就是一种框架，以及框架内的框架；物品的组合存在着多重悖论，以至于质疑了重组、安排、划分、分割和

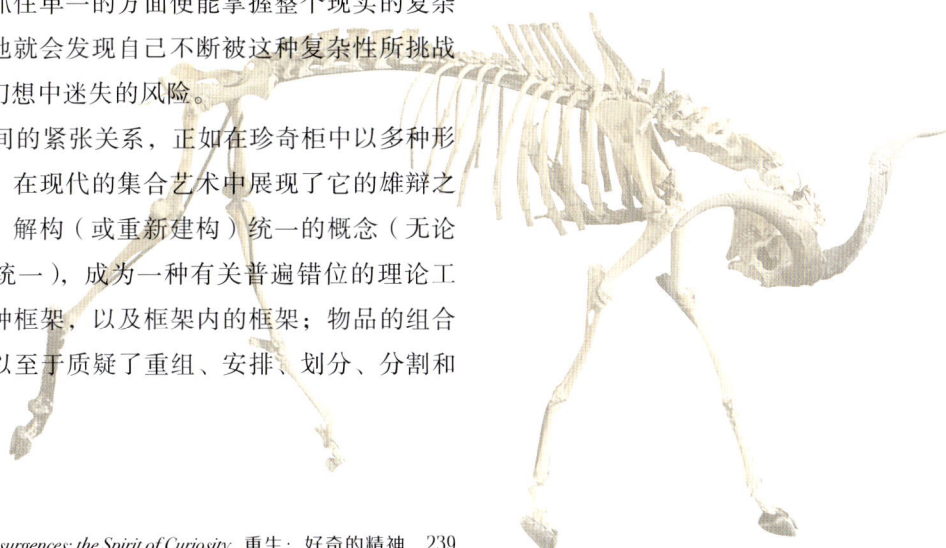

筹划任何东西的可能性。这种质疑甚至是对一件作品中所有框架的最固化（尽管最不重要）功能的攻击，也就是说，它的定义是："超越图画、框架和由绘画组合起来的物体或场景，建立另一个框架：它是一个辅助容器，引导我们寻找其所代表对象之间的位置。"[79]

因此，只要一个定义、一个框架、一个提示就可以将集合艺术或拼贴作品戏剧化，因为它已渗透到美学行为的基础中。在杜尚、达达和超现实主义之后，仅仅是对一个物体的孤立就可以构成一件作品（混合了艺术和科学之物、自然标本和手工艺品的珍奇柜，提出了一个类似的问题，即艺术作品的质量、实质、位置与自然物的关系）。

卢利坚持超现实主义的核心作用，指出"在其他事情发生之前，发现的物品就被转移到工作室"，在那里它被赋予一种新的力量，同时也使周围的事物焕发新生——这是蜕变和无限变化游戏的起点。当布勒东拍摄"在肉类柜台或巴黎街头的堆积物和随机组合"时，他其实是认出了一件已经存在、只等被人揭示的艺术品，也就是说，有待于被赋予一个名目和位置。

我们先是讨论了超现实主义之物的实际性质，以及它如何与"艺术屋"中物体的隐喻和魔法力量建立联系，现在我们将思考这个同样的物体，将其置于原位：由房间、蒙太奇或框架所划分出的特定空间，此处提供了关于"何为艺术品"的经典概念的多层次反思和批评。在伟大的超现实主义展览的复杂性中，物体本身只是整个房间或整个展览所组成的谜团中的一部分，就像一件作品爆炸后变成许多部件。在这种情况下，摄影并不是一个带来问题的附属品，"而是在这里起主导作用。只有它才是一种能够恢复空间的圆满、整体性和不可分割的统一感的工具"。卢利提醒我们："在16世纪，正是版画作品使人们的视线得以延续到艺术屋空间中的每一处。"[80]

因此，达达和超现实主义者的装置作品启动

弗朗索瓦·德·诺贝尔（Françoise de Nobèle），是最早从珍奇柜中汲取灵感并运用到日常装饰中的艺术家之一。她是一位古董商人和收藏家，从小生活在魔法咒语、古书和老版画的世界中，这使得她获得了非常个人化的"视觉感受"。在她的公寓中，你可以看到流行的纪念品、现代艺术品、剧场和花园的椅子，旁边是填充动物标本、埃及木乃伊猫和古典家具。

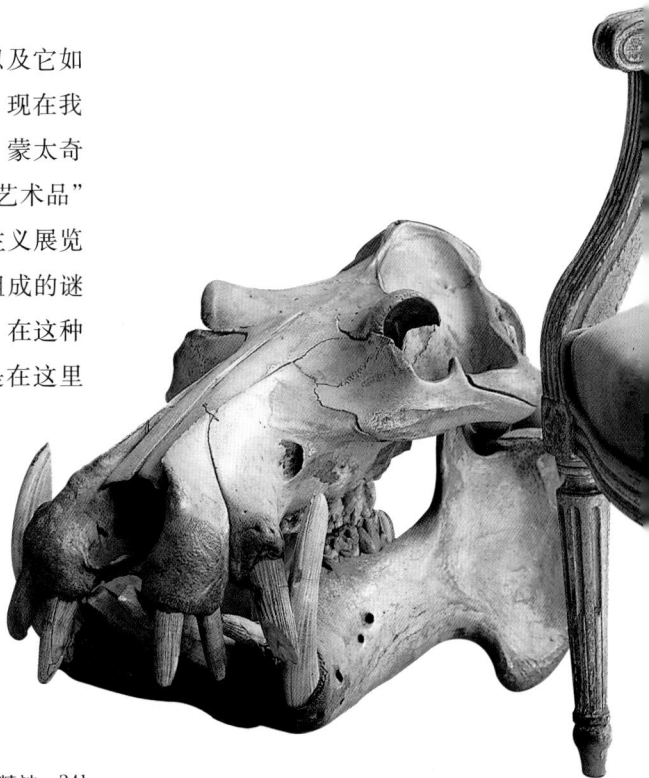

弗朗索瓦·德·诺贝尔的装饰中独具特色的物品，就是奥祖（Auzoux）公司在 20 世纪上半叶生产的用于辅助教学的纸制动植物模型，其精美的做工和材料的触感都令人称奇。除去本来的教学目的，它们不成比例的尺寸和悖论式的诗意都十分迷人，堪称艺术作品。这些室内装饰物所表达的美学没有一处是无意义的，从最细微的颜色差异（融合了各种极为精致的绿色、黑色和灰色），到经过摩擦、磨损、剥落的物品表面的质地。它们是"衰落"美学的最佳代表，是典型的当代品味。

了一个过程，最终使得"盒子、周围环境和装置取代了画框"。展览的照片——其拍摄过程本质上是临时事件——或是短暂存在的装置，作为曾经的卷首版画的对应物，永远定格了细致入微而又趣味盎然的珍奇秩序。

在将空间转化为真正的美学事实的过程中，珍奇柜为许多艺术家提供了他们作品中"原始场景"的图像：在这里，人们可以找到随后诞生的现代"博物馆"的前提条件，此时原始的欲望还没有被制度所束缚，而欣赏藏品的规则已经建立。柜子里的物品最初是对未知和特殊事物的隐喻，由多个方面定义，但现在它已经变成了对艺术事业和艺术家姿

态本身的隐喻。它是一个象征的象征，创造了一种增殖的效果，这种效果一直渗透在艺术屋的历史中。所有的艺术家——从杜尚到保罗·特萨里（Paolo Tessari），从康奈尔到梅萨热（Messager），从博伊斯到施珀里——都以展览的环境为主题，根据所有可能的修辞形式对其进行增殖、变形或变化。箱子、玻璃柜、盒子、圣髑盒——我们在有关珍奇收藏的历史和经济学中都看到了这些元素的根本性地位——现在都像恋物的、充满讽刺或令人感到幻灭的形态，无法定义的物体，它们自身就构成了对艺术作品地位的扭曲表现：作品在其传统定义中解体和消失的那一刻，也是它的第一个转世化身犹如幽灵般复活的时刻。

## "轻微脱节" *'A slight slippage'*

古典意义上的"作品"的概念从现当代艺术中消失，其结果之一就是接受并承认迄今为止被排除在艺术主体之外或被认为近乎病态的领域和尝试。"自然诗"、纸醉金迷的花花公子、原生艺术（Art Brut）或域外艺术（Outsider Art）：如今我们被没有艺术家的作品以及没有作品的艺术家包围着。在前者中，艺术家的意识或身份的痕迹从作品中消失了；而在后者中，他们唯一留下的就是他们的生活，甚至是工具、场所或者仅仅是某个意图。珍奇柜作为物品的堆积、关联性的剧场、一个从根本上说兼收并蓄的物品集合，在不同的形式下通过一系列根本的联系，成为现当代艺术史的一部分。20 世纪的最后几年见证了艺术屋的最终复兴，其景象出乎意料地壮观，但这场复兴发生在任何文化机构的范围之外，无论多么先锋或有争议。情况恰恰相反：一小群收藏家和鉴赏家现在私下里悄悄地将消失的珍奇柜当作他们日常生活的装饰，创造出充满指涉和典故的空间，关于很久以前被遗忘的主题和物品的幻想，以及经过深思熟虑的私人化的场景。在敏锐的观察者看来，这是许多没有标题的作品，是对新技术时代中日常生活的充满悖论的见证。

对于大卫·希尔德布兰德·威尔逊（David Hildebrand Wilson）在洛杉矶西郊创造的"奇迹屋"（cabinet of wonders），我们该作何评价？这座不起眼的小型建筑夹在地毯店和房地产公司之间，附近是法医实验室和泰国餐馆。它被主人美其名曰侏罗纪科技博物馆（Museum of Jurassic Technology），入口的两侧是两幅怪异而简陋的透视画，其中一幅描绘的是"被飘浮的珠光飞蛾包围着的微型白色瓮"，而另一侧是"三个化学试剂瓶的奇特而精心的排列展示"。[81]

尽管这座博物馆公开宣扬的主旨——"对侏罗纪晚期的鉴赏"（威尔逊的妻子声称对他"尼安德特人的外表"情有独钟）——令人相当费解，但事实很快证明它其实属于另一个完全不同的范畴。在那里展示的各种珍奇之物中，包含以下物品：摆放在天鹅绒上的鼹鼠骨架；一群"现已灭绝的19世纪法国飞蛾"；安装在两个可以移动的活塞上的挪亚方舟模型；一系列角和鹿角，包括从玛丽·戴维斯（Mary Davis，死于1688年，终年74岁，生活在柴郡的索克尔）头上取下的角状物和头发；紧握着一只鸟的蜡制手模，是柏拉图对于记忆这一概念的形象化阐释的化身；一个黑色缟玛瑙小盒子，曾经用来盛放献祭的人类心脏；30根针，每一个针眼中都有微型雕塑（如教皇约翰·保罗二世、白雪公主等）；一个果核微雕，在13毫米×11毫米的空间里，刻有一幅佛兰德斯风景画、一个留着胡子的维奥尔琴手、一只熊、一头大象、一条狗、一只猴子、一匹骆驼、一只猞猁、一群兔子和一只猫头鹰，背面有一幅耶稣受难像和一个骑马的士兵；一根刻着愿望（"愿你所有的梦想成真"）的发丝；最后，还有在1915年至1935年间寄往威尔逊山天文台（Mount Wilson Observatory）的一系列信件，其中一封信断言地球是平的且不做任何运动，另一封提议去火星旅行，第三封则声称其签字人为美国政府把银子变成了金子。

换言之，此处具有博物馆的所有显著特征，尽管略显拮据、贫乏，由一位狂热的收藏家以临时拼凑的方式组合在一起，他并没有足够齐全的装备来实现他的雄心壮志。正如一

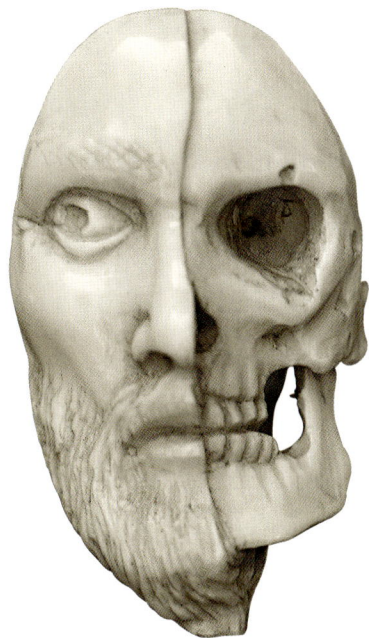

索兰吉·福耶勒（Solange Fouilleul）也是一位延续了珍奇柜传统的巴黎收藏家。在她的收藏中，有关"虚荣"或"死亡警示"的主题占有主导地位。她的公寓被来自各种文化的各种形态的头骨和骨架所占据。

**对页（背景图）** 19世纪来自日本的一组骷髅音乐家中的一个，由金属制作。

**上图** 生与死，19世纪法国象牙雕刻，把人脸的一半制作成骷髅头。

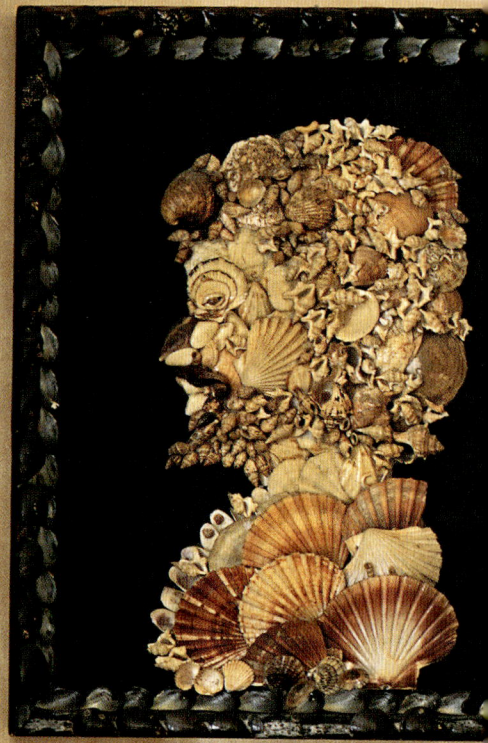

索兰吉·福耶勒公寓的另一个房间，专门用来放书以及抽屉和柜子里的物品。陈列柜（对页）里摆放的是贝壳和矿物，柜子旁边是一个 19 世纪的地球仪，地球仪上方是一幅当时的视错觉水彩画，还有一幅由贝壳构成的阿尔钦博托风格肖像。

位有洞察力的来访者所指出的那样，我们有可能模糊地意识到"出了什么问题，这里有一个非常轻微的脱节，直指它的本质"。[82] 脱节、挪移、换位，一种轻微的——或者说令人不安的——陌生感：所有与珍奇文化相关的情感浮动的音符，在这里以一种略微不同的调子和完全不协调的曲式呈现。

　　这位参观者的评论不止于此：他指出"威尔逊的珍奇室运用了博物馆显示其机构权威性的所有传统标志——精心的

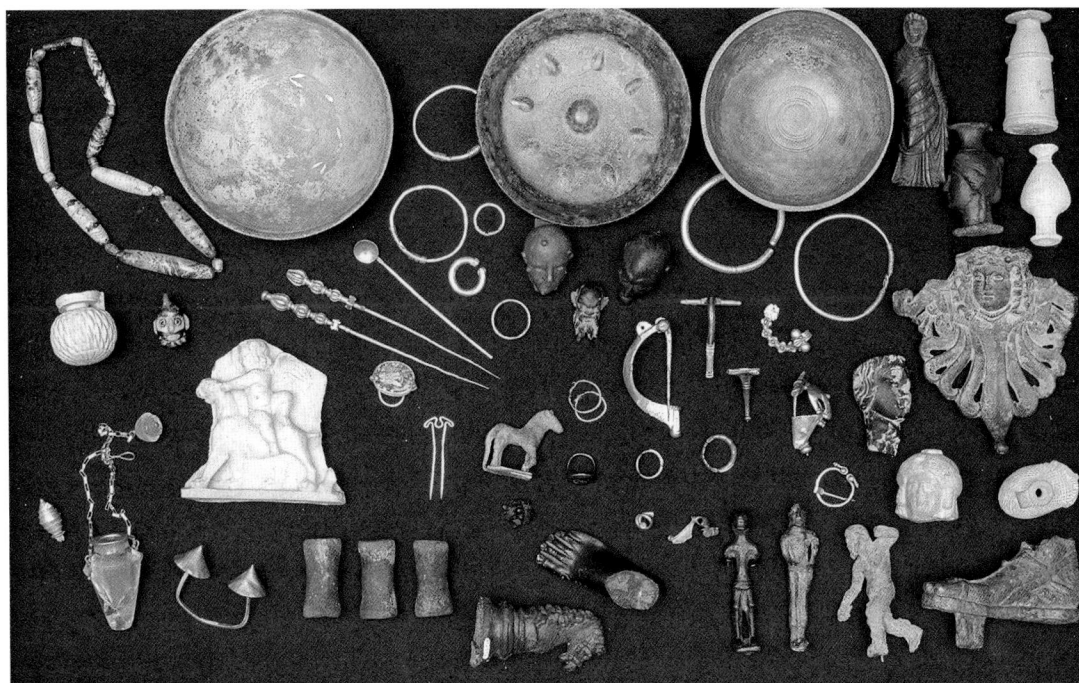

展示、详尽的说明、柔和的灯光和最先进的安保技术，这一切都是为了颠覆不仅适用于他本人、也适用于任何博物馆的有关权威的概念"。[83] 无论自知或不自知，就像历史上的珍奇柜一样，威尔逊的博物馆实际上已经成了杜尚式的现成物，一件可以称得上艺术品的令人费解的宣言及行为作品，与最复杂的装置作品并驾齐驱。

回到早期珍奇柜中的一些恋物癖对象（例如伊莱亚斯·阿什莫尔在 1650 年左右收藏了一根毛角，还有珍奇收藏史上随处可见的果核微雕和其他微缩雕刻），在劳伦斯·韦施勒（Lawrence Weschler）的总结中，威尔逊首先寻求重新激发人们在凝视奇特之物时所产生的基本情感，这种惊异的感觉在洛杉矶的偏僻角落里找到了新的表达方式，它"代表了所有无法被理解的、令人难以置信的东西，它引起人们对可信度的质疑，同时又坚守着不可否认性，以及对体验的迫切需求"。[84] 在这种体验中，我们不能不看到珍奇文化的影子。

阿利斯泰尔·麦卡尔平是为数不多的英国收藏家之一，他多才多艺，身兼数职。他把自己的古董店变成了一个珍奇柜。遵循珍奇柜的伟大传统，他对所有的东西都很着迷：古典雕塑、澳大利亚的矿物、恐龙蛋、石器时代的燧石、埃及卡诺皮克罐、一条鳄鱼的标本，等等。他的藏品没有统一的主题，它们被当作日常生活的一部分。

但根据珍奇文化的传统，威尔逊的珍奇柜因为有了相应的图录，才称得上真正的珍奇柜：这本图录的不寻常之处在于，它不是由收藏家本人或参与其中的人编纂的，而是出自一位普通访客之手，他对这座博物馆的精神内核感到困惑。他创作了一部有趣的作品，介于编年史叙述和虚构小说之间。事实上，韦施勒的《威尔逊先生奇迹屋》（*Mr Wilson's cabinet of wonder*，纽约，1995 年）不仅提供了对此地的描述和对其意图的洞察，同时始终将天马行空的想象与严肃的论述奇特地结合在一起，反映和增加了威尔逊作品中固有的天真的老练，以及神话和科学、知识和信仰的混合。而这种反映反过来又被繁杂的混合物所扭曲，在一种定义和另一种定义之间徘徊，这对历史上的珍奇柜来说是必不可少的。从博尔赫斯（Borges）那里搬救兵，接受"博学是幻想的现代形式"这一原则——由此可见，韦施勒的"图录"明显是以即兴的方式增加了脱节和挪移以及在物体中嵌套物体的现象，这种现象在珍奇柜发展史上以明确的方式或多或少地体现出来。作者之所以意识到这种无限共振的游戏和随机的薄弱环节，是因为阅读了一部现已不存的具有启发性的作品：英庇（Impey）和麦格雷戈（MacGregor）在 1983 年的会议上发表的关于阿什莫尔和珍奇收藏的论文。这是杂乱、多分支的珍奇文化谱系中最后且暂时的一次偏离。

## 马赛克和丢失的碎片 *Mosaic and Missing Pieces*

偶尔对游客开放，但更期待被迷路的人偶然发现，威尔逊的珍奇室是一个半公共的空间，其目标是成为自身的不在场证明，并充当"虚构博物馆"的角色。它是 20 世纪末散布在不同国家和地区的少数家庭和私人室内空间的一部分，在这些空间中，珍奇文化作为日常参考，提供了一系列精心挑选的物体和模型，以及一套组织空间的具体方式。除了坡（Poe）的《家具哲学》（*Philosophy of Furniture*）和普拉兹（Praz）的《家具的哲学》（*Filosofia dell'arredamento*），通行的文化观念并未将这些"室内布置"视为艺术作品，不管它们是否与某个艺术家有关。然而，这些经过仔细考量的建造物（包括物质和精神层面）、人工制品和装置都有其自身的意义，我们理应赋予它们超越其简单的历史或社会学地位的意义。

这些作品本质上是昙花一现的，甚至是看不见的，就像布勒东办公室的墙面，如果不是在博物馆的环境下得以保存和重建，其结局也会是这样。无常的命运使它们更具魅力。什么样的力量、主题或共同的兴趣，能将一个巴黎书店主、一个伦敦名人、一个极度虚荣的人、一个隐居在英国乡村的插画家，在他们毫不知情的情况下凝聚在一起？他们当然都是收藏家，他们的室内装饰不仅在不同程度上表现出对物品的关注和热爱，而且更重要的是，随着理性的进步和历史的发展，这些物品已经失去了应有的功能和意义。那些已经过时的物品，被赋予了一场突如其来、自相矛盾的复兴。在这里，我们再次发现瓦尔特·本雅明所看到的收藏家身上的孩子气特质——在获得和把玩一本书或其他物品时，他们表现出明显的喜悦和痴迷，而这本书或其他物品本身也因此获得新生——与古董收藏家那令人尊敬而灰扑扑的外表完美地融合在一起。[85] 这样的收藏家继续用自己的方式书写着历史，并谱出新的变奏曲，"老顽童"这个主题完完全全地属于珍奇文化的历史。

这些非凡的收藏还具有另一个不容忽视的特点：对特定物品、颜色和质地的喜好，对触觉质感的高度认知，以及稀有的独特形式和材料组成的丰富组合。高密度材料的涂有清漆的干燥表面，纸浆的颗粒状发亮质感，骨头的深棕色光泽，褪色织物朴素的单色图案，珊瑚和象牙相映成趣，民族志物品的原始力量与蜡像和石膏模型的精美工艺形成反差：这些就是它们共有的现状。物品犹如象形文字一般被摆放在敞开的柜子里，就像在祭坛或供品台上。这些陈列柜、抽屉和精心布置的隔间，都以自己的方式重新诠释了早期珍奇柜朴素的对称性。

这种对触觉质感的重视本身就是一种信息。它违背并反对现代科学图像的图形色调、流动性、闪烁性和反射性，这些特质完全是出于计算机屏幕技术和虚拟现实的要求。同样，应用现代制造技术造出的产品那纯净无瑕的表面和不露痕迹的接缝，与骨骼和身体的破碎表面、填充动物标本充满灰尘的缝隙以及在这个重现的世界中所有近似的和即兴创造的东西，都是相对立的。

这些内部装饰所强调的，与其说是人工与自然、科学与艺术之间的关系，不如说是一个已经过时淘汰、充满了怀旧和记忆的科学知识体系（早期学校里使用的物品就是典型代表），与一种高度先进、见多识广、精心建构的艺术意识之间的关系。贯穿于这些作品之中的共同线索，是

被遗弃之物和遗迹所蕴含的诗意，这线索背后隐约可见的，是在珍奇柜的历史中或多或少地出现过的"高贵"和"低级"的知识形式之间的对比和辩证关系，对于重新评估和修复那些迄今为止（从民族志物品到流行艺术作品）很少受到尊重的物品的期望。因此，这些内部装饰以自己的方式，捍卫着真正意义上的根深蒂固的欣赏自由：它们希望将价值赋予那些以前被认为没有价值的东西。

从另一个角度看，对被遗弃之物和遗迹的热情也是对碎片的迷恋，尤其是对身体碎片的迷恋，这是有关"整体"的最基本形象。正如它们与"虚拟形象"形成鲜明对比，这些室内装饰以无数不同的形式，但最明显的是通过骨头和骨架，来歌颂人类身体形态的不完美，而不是主导现代社会想象的经过修饰而毫无瑕疵、大理石般光滑、永不褪色的完美身体。它们关注的重点，是作为一种装置可以被拆解的矛盾的身体，其内部的运作机制能加以呈现，对各个部分都可进行无休止的详细研究，如骨架的结构、静脉和小静脉网络、动脉系统的树状结构、肌鞘、虹膜组织、玻璃体液和骨骼的轮廓。这的确是一个奇妙的组合，而它最奇妙的特质恰恰在于它本质上的脆弱性，它随时准备衰败，变成一堆碎片。

通过这些书页中呈现的图像，以及从经年累月的文本、片段和图片中提取并以看似有序的方式呈现在这里的主题，我们希望为这幅残缺的拼图提供新的且（一如既往）暂时性的见解，或者用贯穿珍奇柜历史主线的一个隐喻来说——为这幅马赛克画补上缺失的片段。

## 注释

1 See G. Olmi, Tous les savoirs du monde, Paris, 1996, p. 160.
2 See Adalgisa Lugli, Naturalia et Mirabilia: Il collezionismo enciclopedico nelle Wunderkammern d'Europa, Milan, 1990, p. 43.
3 Quoted by G. Olmi, op. cit., p. 275.
4 See Michael Hunter, Elias Ashmole and His World, Oxford, 1983, p. 13
5 G. Olmi, op. cit., p. 273.
6 An exemplary study of the iconographic and symbolic links in the circle of Francesco I de' Medici can be found in Luciano Berti, Il principe dello Studiolo, Florence, 1967.
7 Quoted by G. Olmi, 'Science, honour, metaphor' in Impey and MacGregor, The Origins of Museums: the Cabinet of Curiosities in Sixteenth- and Seventeenth-Century Europe, Oxford, 1985. See also A. A. Shelton, 'Cabinets of transgression' in Elsner and Cardinal, The Cultures of Collecting, London, 1994.
8 A. A. Shelton, 'Renaissance collections and the new world' in Elsner and Cardinal, op. cit. See also Laura Laurencich Minelli, in Impey and MacGregor, op. cit.
9 See text by Thomas Da Costa Kauffman in E. Irblich, Le Bestiaire de Rodolphe II, Paris, 1990, and The Mastery of Nature, Princeton, 1993.
10 See L. Daston and K. Park, Wonders and the Order of Nature 1150–1750, New York, 1998, p. 255.
11 L. Daston and K. Park, op. cit., p. 258.
12 See J. Kenseth (ed.), The Age of the Marvelous, Hanover, New Hampshire, 1991, p. 87.
13 G. Olmi, op. cit., p. 275.
14 L. Daston and K. Park, op. cit., p. 275.
15 Ibid., p. 288.
16 Jean de Heem, quoted by L. Daston and K. Park, op. cit., p. 284.
17 L. Daston and K. Park, op. cit., p. 328.
18 Walter Benjamin, Je déballe ma bibliothèque···
19 Michael Hunter, op. cit.
20 Lytton Strachey, 'John Aubrey', in Biographical Essays, London, 1948.
21 Cf. G. Olmi, 'Italian Cabinets of the Sixteenth and Seventeenth centuries', in O. Impey and A. MacGregor, op. cit.
22 G. Olmi, op. cit., p. 292 and Kenseth, op. cit., note 108.
23 Laurencich Minelli, 'Museography and ethnographical···' in O. Impey and A. MacGregor, op. cit., p. 20.
24 See Kenseth, op. cit., note 108.
25 G. Olmi, 'Italian Cabinets···', art. cit., p. 8.
26 Ibid., p. 10.
27 Kenseth, op. cit., note 14, p. 234.
28 See catalogue I segreti di un collezionista. Le straordinarie zaccolte di cassiano del Pozzo, Rome, 2000, pp. 37–38.
29 Kenseth, op. cit., note 16, p. 237.
30 Ibid., p. 238 and Laura Laurencich Minelli, art. cit., pp. 17–19.
31 L. L. Minelli, art. cit., p. 19.
32 G. Olmi, 'Italian Cabinets···', p. 11.
33 Ibid., p. 12.
34 See G. Olmi, op. cit., p. 295.
35 O. Impey and A. MacGregor, op. cit., p. 26.
36 G. Olmi, op. cit., p. 12.
37 See Kenseth, op. cit., p. 242.
38 John Evelyn, Diary, (ed. W. Bray), London, 1907 and 1914, November 1644.
39 See Athanasius Kircher: Il Museo del Mondo, Rome, 2001.
40 See Kenseth, op. cit., p. 242.

41 Herbert Haupt, in E. Irblich, op. cit.
42 W. Muensterberger, Collecting, an Unruly Passion, Princeton, 1994, pp. 16 and 193.
43 Sir Thomas Browne, Pseudodoxia Epidemica, I, XXI, ed. Robin Robbins, Oxford and New York, 1981.
44 See G. Olmi, op. cit., p. 266.
45 Marianne Roland-Michel, Lajoue, Paris, 1984, pp. 42 and 44–45.
46 Marianne Roland-Michel, op.cit, pp. 44–45 and 186–87.
47–50 L. Daston and K. Park, op. cit, pp. 331, 343, 354, 366.
51 See the catalogue of the exhibition at the Louvre (Dominique Vivant Denon, L'Œil de Napoléon, RMN, 1999), edited by Patrick Mauriès (Vies remarquables de Vivant Denon, 1998), and Philippe Sollers, Le Cavalier du Louvre, Paris, 1995.
52 I. Amin Ghali, quoted by Patrick Mauriès, op. cit. p. 88.
53 Catalogue de la vente Denon, n° 346, Paris, 1826 (quoted in Mauriès, op. cit., pp. 89–90).
54 See Mauriès, op. cit, pp. 418, 421.
55 See E. H. Gombrich, Aby Warburg, an Intellectual Biography, London, 1970, pp. 243–255.
56 All the quotations on the subject of Meyrick are taken from the chapter devoted to him in Clive Wainwright's The Romantic Interior, London and New Haven, 1989, pp. 241–268.
57 H. R. D'Allemagne, Les Cartes à jouer du XIVe au XXe siècle, Paris, 1906.
58 H. R. D'Allemagne, Histoire des jouets, Paris, 1880 and 1902; Jeux du jeune âge, Paris 1908; Musée Rétrospectif de la classe 100, jouets, à l'Exposition Universelle, Paris, 1903; Histoire du luminaire depuis l'époque romaine jusqu'au XIXe siècle, Paris, 1891.
59 H. R. D'Allemagne, Les Accessoires du costume et du mobilier depuis le treizième jusqu'au milieu du dix-neuvième siècle, Paris, 1928.
60 A. Breton, Objets surréalistes, Œuvres complètes, Paris.
61 A. Breton, Situation surréaliste de l'objet, 1935, Œuvres complètes, t. 2, Paris, p. 473.
62 A. Breton, De l'humour noir, Paris, 1937.
63 A. Breton, Situation surréaliste de l'objet, op. cit., p. 495.
64 A. Breton, Situation surréaliste de l'objet, op. cit., p. 492.
65 Jean-Charles Moreux, 'L' Objet de curiosité', Maison et Jardin, 20, 1954, p. 81.
66 Jean-Charles Moreux, op. cit., p. 80.
67 Jean-Charles Moreux, 'Le Cabinet du curieux', Art et Industrie, Juin 1950, p. 17.
68 Jean Hubert Martin, Le Château d'Oiron et son cabinet de curiosités, Paris, 2000, p. 64.
69–73 J. H. Martin, op. cit., p. 126, 134, 136, 246, 262.
74 The translation of this conference can be found in O. Impey and A. MacGregor, op. cit.
75 Adalgisa Lugli, Assemblage, Paris, 2001, p. 32.
76–80 A. Lugli, op. cit., pp. 32, 27, 28, 43, 88.
81–83 Lawrence Weschler, Mr Wilson's Cabinet of Wonder, New York, 1995, pp. 121, 39, 40.
84 Stephen Greenblatt quoted by Weschler, op. cit. p. 79.
85 (See above, pp. 134–5).

## 参考书目

### 原始资料来源

*Descrizione del Museo d'Antiquaria e del Gabinetto d'Istoria Naturale di sua Eccelenza il Sig. Principe di Biscari Ignazio Paterno Castello Patrizio Catanese Fatta dall'Abate Domenico Sestini*, 1776.

*Catalogue raisonné d'une collection considérable de diverses Curiosités en tous genres, contenues dans les cabinets de feu Monsieur Bonnier de la Mosson*, Edme-François Gersaint, Paris, J. Barois et P.-G. Simon, 1744.

*Les Antiquitez, raretez, plantes, mineraux, & autres choses considérables de la Ville, & Comté de Castres d'Albigeois…. Et un recueil des inscriptions romaines, & autres antiquitez du Languedoc, & Provence. Avec le Roole des principaux cabinets, & autres raretez de l'Europe. Comme aussi le Catalogue des choses rares de Maistre Pierre Borel, Docteur en Medecine autheur de ce livre*, Pierre Borel, Castres, Arnaud Colomiez, 1649.

*Certain miscellany tracts. Written by Thomas Browne, Kt, and Doctour of Physick*, Thomas Browne, London, printed for Ch. Mearne and sold by Henry Bonwick, 1684.

*Ricreatione dell'occhio e della mente nell'Osservation' delle Chioccole, proposta a' Curiosi delle Opere della Natura*, Filippo Buonanni, Rome, Varese, 1681.

*Musaeum Franc. Calceolari Iun. Veronensis a Benedicto Ceruto medico in caeptum, et ab Andrea Chiocco descriptum et perfectum*, Francesco Calzolari, Verone, Angelus, Tamus, 1622.

*Museo Cospiano annesso a quello del famoso Ulisse Aldrovandi e donato alla sua Patria dall'Illustrissimo Signor Ferdinando Cospi*, Bologne, Giacomo Monti, 1677.

*Description des Objets d'art qui composent le Cabinet de feu M. le Baron Vivant Denon. Estampes et ouvrages à figure*, Duchesne l'aîné, Paris, printed by Hippolyte Tilliard, 1826.

*Catalogue raisonné des Tableaux, Estampes, Coquilles, et autres Curiosités; après le décès de feu Monsieur Dezalier d'Argenville*, Pierre Rémy, Paris, chez Didot l'aîné, 1766.

*Catalogue des tableaux de la Galerie Electorale à Dresde*, J. A. Riedel and C. F. Wenzel, Dresden, printed by Chrétien-Henri Hagemuller, 1765.

*Le Cabinet de la Bibliothèque de Sainte Geneviève*, Claude Du Molinet, Paris, chez Antoine Dezallier, 1692.

*Catalogue raisonné des minéraux, coquilles et autres curiosités naturelles, contenues dans le cabinet de feu Mr. Geoffroy de l'Académie des Sciences*, Paris, H.-L. Guérin et L.-Fr. Delatour, 1753.

*Catalogue raisonné de coquilles et autres curiosités naturelles avec une liste des principaux Cabinets qui s'en trouvent, tant dans la France que dans la Hollande*, Edme-François Gersaint, Paris, Flahault, Prault, 1736.

*Dell'Historia naturale nella quale ordinatamente si tratta della diversa condition di miniere e pietre. Con alcune historie di Piante & Animali, fin'hora non date in luce*, Naples, Costantino Vitale, 1599.

*Obeliscus Pamphilius hoc est, interpretatio obelisci hieroglyphici*, Athanasius Kircher, Rome, Louis Grignani, 1650.

*Ars magna sciendi in XII libros digesta*, Athanasius Kircher, Amsterdam, Jean Jansson, 1669.

*Musaeum Kircherianum, sive Museaum a P. Athan. Kirchero… nuper restitum, auctum, descriptum & iconibus illustratum Franc. Maria Ruspolo oblatum a Ph. Bonanni*, Filippo Buonanni, Rome, Georgio Plachi, 1709.

*Catalogue raisonné des différents objets de curiosités dans les sciences et arts, qui composaient le Cabinet de feu Mr Mariette*, F. Basan, Paris, the author and G. Desprez, 1775.

*Note overo Memorie del Muso di Lodovico Moscardo nobile veronese*, Padua, Paolo Frambotto, 1656.

*L'Art de tourner ou de faire en perfection toutes sortes d'ouvrages au tour, dans lequel on y enseigne pour tourner tant le bois, l'ivoire etc. que le fer et tous les métaux*, Charles Plumier, Lyon, Jean Certe, 1701.

*Description abrégée des planches, qui représentent les cabinets et quelques-unes des Curiosités, contenües dans le Théâtre des Merveilles de la Nature de Levin Vincent*, Romain de Hooghe et alii, Harlem, 1719.

*Museum Wormianum. Seu Historia rerum rariorum, tam naturalium, quam artificialium, tam domesticarum, quam exoticarum, quae Hafniae Danorum in aedibus authoris servantur*, Olao Worm, Leiden, J. Elzevir, 1655.

## 现代作品

*Athanasius Kircher: Il Museo del Mondo*, Rome, 2001.

Bergvelt, Elinor, Debora J. Mieijers, Mieke Rijnders, *Verzamelen ven Raiteitenkabinet tot Kunstmuseum*, Heerlen, 1993.

Daston, Lorraine and Katharine Park, *Wonders and the Order of Nature 1150–1750*, New York, 1998.

Elsner, John and Roger Cardinal (ed.), *The Cultures of Collecting*, London, 1994.

*Erasme ou l'éloge de la curiosité à la Renaissance: Cabinets de curiosités et jardins de simples*, Brussels, 1997.

Habsburg, Géza von, *Princely Treasures*, London, 1997.

Impey, Oliver and Arthur MacGregor, *The Origins of Museums: The Cabinet of Curiosities in Sixteenth- and Seventeenth-Century Europe*, Oxford, 1985.

Kaufmann, Thomas Da Costa, *The Mastery of Nature*, Princeton, 1993.

Kenseth, Joy, *The Age of the Marvelous*, Hanover, 1991.

Lugli, Adalgisa, *Arte e Scienza: Wunderkammer*, Venice, 1986.

Lugli, Adalgisa, *Naturalia e mirabilia*, Milan, 1983.

Lugli, Adalgisa, *Wunderkammer: la stanza della meraviglia*, Turin, 1997.

Lugli, Adalgisa, *Assemblage*, ed. Florian Rodani, Paris, 2001.

Martin, Jean Hubert, *Le Château d'Oiron et son cabinet de curiosités*, Paris, 2000.

McAlpine, Alistair and Cathy Giangrande, *Collecting and Display*, London, 1998.

Müller-Bahlke, Thomas J., *Die Wunderkammer: die Kunst- und Naturalien Kammer der Franckeschen Stiftungen zu Halle*, Photographs by Klaus E. Göltz, Halle/Saale, 1998.

Olmi, G., *Tous les savoirs du monde*, Bibliothèque nationale, Paris, 1996.

*I Segreti di un Collezionista: le straordinarie raccolte di Cassiano dal Pozzo 1588–1657*, Rome, 2000.

Somino, Annalisa Scarpa, *Cabinet d'amateur: le Grandi Collezioni d'Arte nei Dipinti dal XVII al XIX Secolo*, Milan, 1992.

*Le surréalisme: sources – histoire – affinités*, Paris, 1965.

Thornton, Dora, *The Scholar in his Study*, New Haven, 1997.

Weschler, Lawrence, *Mr Wilson's Cabinet of Wonder*, New York, 1995.

## 图像来源

### 缩写

BL - 大英图书馆，伦敦 British Library, London
BM - 大英博物馆，伦敦 British Museum, London
FS - 弗兰克基金会，哈勒 Franckeschen Stiftungen, Halle
GG - 绿色穹顶，德累斯顿 Grünes Gewölbe, Dresden
KHM - 艺术史博物馆，维也纳 Kunsthistorisches Museum, Vienna
SA - 阿姆布拉斯宫 Schloss Ambras

*page* 1 Museo dell' Opificio delle Pietre Dure, Florence. Photo: Scala 2–3 Photo: Jean Marie Del Moral 4 ostrich made from a misshapen pearl, Museo degli Argenti, Florence. Photo: Scala 4–5 cup made from nautilus shell, Antwerp, *c.* 1560, Landesmuseum, Kassel 5 Engraving from Christoph Jamnitzer, *Neuw Grottesken Buch*, Nuremberg, 1610 6–7 Engraving from M. Félibien, *Historie de l'Abbaye de Saint Denys*, Paris, 1706 8–9 Jan Brueghel and Peter Paul Rubens, *The Sense of Sight*, Museo del Prado, Madrid. Photo: Bridgeman 10–11 Ferrante Imperato, *Dell'historia naturale* (Naples, 1599) 10 (bottom) woodcut from Ferrante Imperato, *Dell'historia naturale* (Naples, 1599) 12 Francis Bacon, *Instauratia Magna*, 1620 12 (background) gilt bronze dolphin, Medici Collection, late sixteenth century. Photo: Scala 13 *studiolo* of Francesco I. Photo: Scala 13 (left) woodcut from Ferrante Imperato, *Dell'historia naturale* (Naples, 1599) 14–15 Francesco Calzolari, *Museum Calceolarium* (Verona, 1622), BL 16–17 drawing by Michael Kerr (1591–1661), University Library, Erlangen 18 engraved title-page of *Museum Wormianum* (Leyden, 1655) 20 woodcut from Ferrante Imperato, *Dell'historia naturale* (Naples, 1599) 21 engraving from the German edition of Edward Brown, *Travels* (Nuremberg, 1686), BL 22 title-page of Basilus Besler, *Fasciculus rariorum varii generis* (Nuremberg, 1622). Photo: BL 23 engraving from *Fasciculus rariorum varii generis* (Nuremberg, 1622) 24 woodcut from Conrad Gesner, *Thierbuch* (Zurich, 1563) 25 woodcut from Ferrante Imperato, *Dell'historia naturale* (Naples, 1599) 26–31 FS. Photos: Klaus E. Göltz 32–33 watercolour by Joseph Arnold (1646–74), Historical Museum, Ulm 34 painting from the ceiling of the dining-room, SA 35 Venetian mirror, late sixteenth century, SA. Photo: KHM 36–37 painting by Hans Jordaens III, KHM 38 (left) from the manuscript catalogue of the collection of Manfredo Settala, Biblioteca Ambrosiana, Milan 38–39 engraved frontispiece of *Museum Septalanium* (Tortosa, 1664), BL 40–41 engraved frontispiece of Levinus Vincent, *Wondertooneel de nature* (Amsterdam, 1706) 41 engraving from Levinus Vincent, *Wondertooneel de nature* (Amsterdam, 1706) 42 engravings from Frederik Ruysch, *Thesaurus anatomicus* (Amsterdam, 1701) 43 (top) woodcut from Charles de Lecluse, *Exoticorum Libri decem* (Leyden, 1605) 43 (bottom) woodcut from Conrad Gesner, *Thierbuch* (Zurich, 1563) 44–45 illustration of the Viennese Imperial Collection from Ferdinand Storffer, *Specification of those pictures...* (1730), KHM 46 Isidore Bardi, *Still Life with Exotic Birds, c.* 1800, Musée du Louvre, Paris 47 MS D'Orville 539, Bodleian Library, Oxford 48 painting by Georg Haintz, Kunsthalle, Hamburg 49 Musée des Beaux-Arts, Rennes. Photo: Bridgeman 50–51 shells from the manuscript catalogue of the collection of Fernando Cospi, University Library, Bologna 52 coin cabinet, SA. Photo: KHM 53 amber cabinet, GG 54–55 woodcuts from Ulisse Aldrovandi, *Monstrorum historia* (Bologna, 1642) 56–57 painting by Anton Mozart, Museum of Decorative Arts, Berlin 58 Kunstschranck (Augsburg, 1625), Paul Getty Museum, Los Angeles; assemblage on top of cabinet by Samiya Swoboda-Nichols, 2000, Edward Swoboda Collection, Beverly Hills. 59–62 details of the interior of the cabinet of Gustavus Adolphus. Photos: Massimo Listri 63 exterior of the cabinet of Gustavus Adolphus, Uppsala University Library 64 writing cabinet by Wenzel Jamnitzer, GG 68–69 shell drinking-cup, KHM 70–71 The Yarmouth Collection, Norwich Castle Museum. Photo: Bridgeman 72 manuscript cabinet, FS. Photo: Klaus E. Göltz 73 figure by Balthasar Permoser (1651–1732), GG 73 (bottom) woodcut from *Aldrovandi Museum metallicum* (Bologna, 1648) 74 (left) stone cup, Medici Collection, Museo degli Argenti, Florence. Photo: Scala 74 (right) jade mask, Museo degli Argenti, Florence. Photo: Scala 74 (background) engraving from Basilius Besler, *Fasciculus rariorum varii generis* (Nuremberg, 1622) 75 Grotto of the Animals, Medici Villa, Castello. Photo: Scala 76 panel from the Uppsala Cabinet. Photo: Massimo Listri 77 sunflower, Mueseo dell' Opificio delle Pietre Dure, Florence. Photo: Scala 78 detail from *Shells* by Bartolomeo Bimbi, Palazzo delle Provincia, Siena 78 (background) engraving from Basilius Besler, *Fasciculus rariorum varii generis* (Nuremberg, 1622) 79 detail from A. Allori, *Pearl Fishers*. Photo: Scala 80 double nautilus shell, Museo degli Argenti. Photo: Massimo Listri 81 nautilus shell drinking-cup, GG 82/87 manuscript catalogue of Cospi Collection by G. Tosi, Bologna University Library. Photo: Massimo Listri 83–86 Arcimboldesque figures, Tuscany, early seventeenth century. Museo degli Argenti, Florence. Photos: Massimo Listri 87–88 coral display, North Gallery, SA. Photo: KHM 89 (top) ostrich egg with coral ornament, SA 89 (bottom right) coral amulet, Schatzkammer des Residenzmuseum, Munich 90 engraving from Levinus Vincent, *Wondertooneel de nature*, (Amsterdam, 1706) 91 drinking-cups, GG 92 *Daphne*, GG 93 detail of coral grotto, probably Genoa, SA. Photo: KHM 94 Frederik II of Gotha, *c.* 1700. Friedenstein Castle, Gotha. Photo: Massimo Listri 95 the wax cabinet, FS. Photo: Klaus E. Göltz 96–97 wax portraits from the Danish Royal Collections, Rosenborg Castle, Copenhagen 98–99 crocodile sand container, courtesy of Busch Reisinger Museum, Harvard University, Mass. (Gift of Stanley Marcus). 98–99 (background) engravings from Basilius Besler, *Fasciculus rariorum varii generis* (Nuremberg, 1622) 100–101 'Schüttelkästchen', SA. Photo: KHM 102 detail of ewer by Wenzel Jamnitzer, Schatzkammer des Residenzmuseum, Munich 103 cast of an eagle's claw supporting nautilus cup, South German, 1580, BM 103 (bottom) box for writing set, Wenzel Jamnitzer, *c.* 1570, SA. Photo: KHM 104–105 engraving from Levinus Vincent, *Wondertooneel de nature* (Amsterdam, 1706) 104 (insets) Anatomical Museum, University of Leyden 105 crocodile embryo, FS. Photo: Klaus E. Göltz 106–107 engravings from Frederik Ruysch, *Thesaurus anatomicus* (Amsterdam, 1701), BL 106 bronze dragon, Victoria & Albert Museum, London 106 (bottom) mermaid, Museo Civico Archeologico,

Modena 108 'Todlein schrein', SA. Photo: KHM 109 Death as hunter, SA. Photo: KHM 110 engraving from Frederik Ruysch, *Thesaurus anatomicus* (Amsterdam, 1701), BL 111 engravings from Fortunius Liceti, *De monstrorum Libri, decem* 111 (**right**) woodcut from Ulisse Aldrovandi, *Monstrorum historia* (Bologna, 1642) 112 engraving from Fortunius Liceti, *De monstrorum Libri, decem* 112–113 Bartlolmeo Bimbi, *Two-headed lamb*, Palazzo Pitti. Photo: Massimo Listri 114 engravings from Basilius Besler, *Fasciculus rariorum varii generis* (Nuremberg, 1622) 114 (**background**) woodcut from Ulisse Aldrovandi, *Monstrorum historia* (Bologna, 1642) 115 woodcut from Conrad Gesner, *Thierbuch* (Zurich, 1563) 116 automata, Victoria & Albert Museum, London 117 devil automata, Civiche Raccolte d'Arte Applicata, Castello Sforzesco, Milan 118 clock automata by Melchior Maier, KHM 119 musical gondola, SA 120 astronomical clock, from the Gottorf Collection, Rosenborg Castle, Copenhagen 121 astronomical clock with armillary sphere, from Gottorf Collection, Rosenborg Castle, Copenhagen. Photo: John Lee, NM Copenhagen 122 engraving from Wenzel Jamnitzer, *Perspectiva Corporum Regularium* (Nuremberg, 1568) 122 ivory tower, Museo degli Argenti, Florence 123 ivory towers, GG 124–125 South German cabinet. Museum of Decorative Arts, Cologne 124–125 (**background**) engravings from Wenzel Jamnitzer, *Perspectiva Corporum Regularium* (Nuremberg, 1568) 126–127 woodcuts from Lorenz Stoer, *Geometria et perspectica* (Augsburg, 1576) 128–129 Giuseppe Arcimboldo, *Rudolf II as Vertumnus*, Skokloster, Sweden. Photo: Bridgeman 130–131 engraving by M. Merian the Elder. Photo: AKG 130 portrait of Archduke Ferdinand II (1529–95), SA 131 portrait of Philippa Welser, wife of Archduke Ferdinand II, married 1554, SA 132 Naturalia Gallery, SA. Photo: KHM 133 the Spanish Room, SA. Photo: AKG 134 musical instrument, SA 135 Christopher Gardner, Tirolean grotesque figure, end sixteenth century, SA. Photo: KHM 136–137 anonymous painting of a cripple, SA. Photo: KHM 138 anonymous painting, SA 139 anonymous painting, SA 140–141 E. de Critz, *John Tradescant and Roger Friend*, Ashmolean Museum, Oxford 142 Riley, *Elias Ashmole*, Ashmolean Museum, Oxford. Photo: Bridgeman 143 attributed to Cornelius de Neve,

*John Tradescant the Elder*, Ashmolean Museum, Oxford. Photo: Bridgeman 144–145 Claude du Molinet, engravings from *Le Cabinet de la Bibliothèque Ste-Geneviève* (Paris, 1692) 146–147 portrait and engravings from *Museo Cospiano* (Bologna, 1677), BL 148–149 illustrations from the Aldrovandi Codex, University Library, Bologna 148 woodcut from Aldrovandi, *Monstrorum historia* (Bologna, 1642) 150 engraving of Ulisse Aldrovandi at the age of 78 151 engravings from *Museo Cospiano* (Bologna, 1677) 152–153 engravings from the Aldrovandi Codex, Bologna University Library 155 ivory tower, Museo degli Argenti, Florence 156 composite heads from the Settala Collection, Biblioteca Ambrosiana, Milan 157 portrait of Manfredo Settala, Biblioteca Ambrosiana, Milan 158–159 drawings from the Settala Collection catalogue, Biblioteca Ambrosiana, Milan 160 portrait and frontispiece engraving from *Museum Kircherianum* (Milan, Rome, 1763) 161 engravings from *Physiologia Kircheriana* (Amsterdam, 1680) and *Musurgia universalis* (Rome, 1650) 162–163 engravings from *Physiologia Kircheriana* (Amsterdam, 1680) and *Musurgia universalis* (Rome, 1650) 164 wax portrait by Wenzel Maller, 1606, Victoria and Albert Museum, London 165 illustration from the museum catalogue of Rudolf II's collection, 1621, Österreichische Nationalbibliothek, Vienna 165 (**bottom**) engraving from Georg Hoefnagel, *Archetype* (Frankfurt, 1592) 166–167 engravings from Georg Hoefnagel, *Archetype* (Frankfurt, 1592) 168 Gasparo Miseroni, handle of tazza, KHM 169 Gasparo Miseroni, detail lapis lazuli tazza, KHM 170 clock by Hans Schotteim, Augsburg, 1580, BM 171 engraving from L.E. Bergeron, *Manuel du turneur* (Paris, 1792) 172 cup of Nicholas Pfaff, 1611, KHM 173 detail from silver ewer by N. Schmidt, late sixteenth century, KHM 173 (**right**) Bezoar cup by Jan Vermeyen, c. 1600, KHM 174 portrait of the Elector Augustus the Pious, Gemäldegalerie, Dresden. Photo: Deutsche Fotothek 175 carved cherrystone in gold setting, GG 176–177 clockwork globes by Elias Lenker, Augsburg, 1629, GG 178 ivory oliphant, Sicily, c. 1100, GG 179 woodcut from Michael Herr's bestiary (Strasbourg, 1546) 180 owl by Gottfried Döring, GG 181 goblet in the shape of a black girl, 1709, and

dragon made of misshapen pearl, before 1706, GG 184–185 Jacques de Lajoue, *The Cabinet of Bonnier de la Mosson* (1739), Private Collection 186–187 engraving after Lajoue, *La Pharmacie*, Bibliothèque Nationale, Paris 188–189 J. B. Cortonne, *Designs for the cabinet of Bonnier de la Mosson* (1739), Bibliothèque d'Art et Archéologie, J. Doucet, Paris 190 engraving from the catalogue of E. F. Gersaint, 1736, Paris 191 François Boucher, trade card of Gersaint, 1740, Bibliothèque Nationale, Paris 192 engraving of the shop of Remy, Bibliothèque Nationale, Paris 193 Mr Green's Museum, woodcut from the *Gentleman's Magazine*, 1788, London 195 'The Cabinet at Strawberry Hill' from *A Description of the Villa* (1784), Strawberry Hill, London 196 reliquary, Musée du Chateauroux 197 inkstand, Goodrich Court 198 watercolour by J. H. Gandy, Soane Museum. Photo: Bridgeman 199 drawing by Benjamin Zix, Musée du Louvre, Paris. Photo: RMN (by Jean Schormans) 200–201 engravings from S.R. Meyrick, *Ancient Arms and Armour from the Collection of Goodrich Court* (London, 1830) 202–203 watercolour after Sarah Stone (1760–1844), BM, Department of Ethnography Library 204–205 engraving of the studio of J. P. Dantan, Musée Carnavalet, Paris, Photothèque des musées de la ville de Paris 206 'The Leverian Museum' from *Companion to the Museum of Sir Ashton Lever* (1790), London 207 Charles Willson Peale's Museum, Pensylvania Academy of Fine Arts, Philadelphia 208 engravings from S. R. Meyrick, *Ancient Arms and Armour from the Collection of Goodrich Court* (1830), London 210–211 collection of Alistair McAlpine. Photo: Graham Harrison, *The World of Interiors* 215 Photo: Giselle Freund Anna Beskow Agency 217 photograph by Man Ray ©Man Ray Trust/ADAGP, Paris and DACS, London 2002 218 André Breton, *Pan hoplie*, 1953 © ADAGP, Paris and DACS, London 2002, collection of Eliza Breton, Paris 219 André Breton, *Poeme-objet*, 1941 © ADAGP, Paris and DACS, London 2002, Pierre Matisse Gallery Corp., New York 220 The work of J. C. Moreux 221 (**right top and bottom**) photo by Jean-Marie Del Moral 222 Victor Brauner, *Wolf table* © ADAGP, Paris and DACS, London 2002, Centre Pompidou, Paris. Photo: RMN (by Jacqueline Hyde) 223 Max Ernst, title-page of the *Journal d'un*

*austronaute millenaire* (Paris, 1969) © ADAGP, Paric and DACS, London 2002 225 Joseph Cornell and Bill Jacobson, *Museum*, 1944–48 © The Joseph and Robert Cornell Memorial Foundation/VAGA, New York/DACS, London 2002. Photo: The Joseph and Robert Cornell Memorial Foundation 226 Joseph Cornell, *Pharmacy*, 1943 © The Joseph and Robert Cornell Memorial Foundation/VAGA, New York/DACS, London 2002, Private Collection 227 Joseph Cornell, *Hotel Eden*, c. 1945 © The Joseph and Robert Cornell Memorial Foundation/VAGA, New York/DACS, London 2002, National Gallery of Canada, Ottawa 228 Guillaume Bijl, *The Cabinet of Claude Gouffier* © DACS 2002, Château d'Oiron. Photo: Laurent Lecat 229 Christian Boltanski, *Portrait Gallery* © ADAGP, Paris and DACS, London 2002, Château d'Oiron. Photo: Laurent Lecat 230 Thomas Grünfeld, *Misfit* © DACS 2002, Château d'Oiron. Photo: Laurent Lecat 231 Thomas Grünfeld, *Pegasus* © DACS 2002, Château d'Oiron. Photo: Laurent Lecat 232 Mario Merz, *Niger Crocodile*, 1972 Musée National d'Art Moderne, Centre Georges Pompidou, Paris 233 Natasha Nicholson, *Cabinet of Curiosities*, 2000, by permission of the artist 234 Mark Dion and Robert Williams, *Theatrum Mundi*, 2001. Photos: Roger Lee 237 Claude Lalanne, *Flies* © ADAGP, Paris and DACS, London 2002. Photo: Jean-Marie Del Moral 238–239 the studio of Miquel Barceló. Photo: Jean-Marie Del Moral 240–243 the collection of Françoise de Nobèle. Photo: Jean-Marie Dell Moral 244–247 the apartment of Solange Fouilleul. Photo: Jean-Marie Del Moral 248–249 the collections of Alistair McAlpine, Photos: Graham Harrison, *The World of Interiors* 252 engraving of Mary Davis from Ormerund, *History of the County Palatine and the City of Chester* (1676)

Published by arrangement with Thames & Hudson Ltd., London

Cabinets of Curiosities © 2002, 2011, 2019 Thames & Hudson Ltd., London
Text by Patrick Mauriès
Picture Research: Georgina Bruckner

This edition first published in China in 2023 by Beijing Imaginist Time Culture Co., Ltd., Beijing
Chinese edition © 2023 Beijing Imaginsit Time Culture Co., Ltd.

北京版权保护中心外国图书合同登记号：01-2023-4575

图书在版编目 (CIP) 数据

想象的博物馆：珍奇室艺术史 /（法）帕特里克·
莫耶斯著；张林森译. -- 北京：北京日报出版社，
2023.12
　　ISBN 978-7-5477-4694-3

　　Ⅰ.①想… Ⅱ.①帕… ②张… Ⅲ.①博物馆－历史
－世界 Ⅳ.① G269.1-091

中国国家版本馆 CIP 数据核字 (2023) 第 183082 号

审　　订：刘希言
责任编辑：姜程程
特邀编辑：马步匀　董　婧
装帧设计：文和夕林
内文制作：陈基胜

出版发行：北京日报出版社
地　　址：北京市东城区东单三条 8-16 号东方广场东配楼四层
邮　　编：100005
电　　话：发行部：(010) 65255876
　　　　　总编室：(010) 65252135
印　　刷：中华商务联合印刷（广东）有限公司
经　　销：各地新华书店
版　　次：2023 年 12 月第 1 版
　　　　　2023 年 12 月第 1 次印刷
开　　本：787 毫米 ×1092 毫米　1/16
印　　张：16
字　　数：280 千字
定　　价：198.00 元

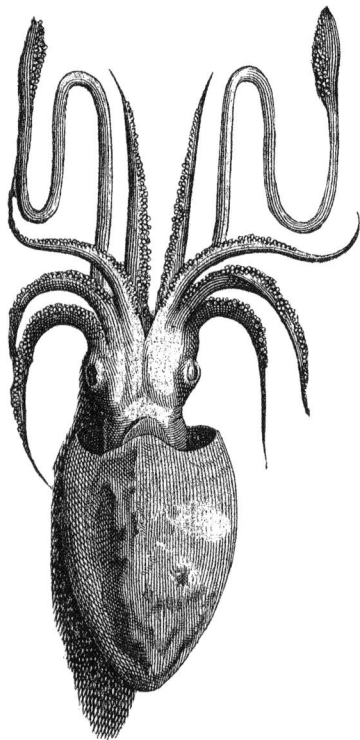

## 致谢

在本书创作的过程中曾给予过作者帮助
和支持的诸位，在此一并致谢：
Bénédicte Savoy, Nicolas Carpentiers, Marc
Chevalier, Lionel Leforestier, Ian Sutton

我还要感谢以下诸位，没有他们的协助
本书将无法完成：
Miquel Barceló, Françoise de Nobèle,
Solange Fouilleul, Denise Jacquelin, Isabelle
Jammes, François-Xavier Lalanne, France
Le Queffelec, 还有 Jean-Marie Del Moral,
她专程拍摄了巴黎收藏界的若干场馆及
珍奇藏品。

环衬页：埃里克·德马齐埃（生于1948
年）一直致力于与学习相关的古怪建筑
（例如图书馆和工作室）这一主题的创
作。作为与博尔赫斯《巴别图书馆》
（Library of Babel）相关的系列作品的
一部分，他于1998年为巴黎雅姆书店
（Librairie Jammes）的书目创作了这幅
描绘珍奇柜的铜版画。